調査の現場から見た

国際資産課税の実務

税理士 安永淳晴 著

For international property tax

税務経理協会

はじめに

　「海外資産」といってもいろいろありますが，真っ先に思い浮かぶのは，コンドミニアムなどの不動産や海外の銀行預金口座といったところでしょうか。また，海外の某大手ホテルが販売し運営しているタイムシェアも，立派な海外資産です。

　近年，海外資産が身近になってきたように思います。海外旅行者の増加やICTの浸透で，海外資産に関する情報が簡単に手に入り，取引も容易になっていることが理由として挙げられると思います。それに伴って，一部の富裕層，いわゆるお金持ちだけではなく，一般の人々においても，海外資産を購入し所有する気持ちの上での障壁や抵抗感が，さほど高くないものになっているようです。

　筆者がこれまでに海外資産の所有者と接してきた中で，一部の富裕層ではなくても，海外旅行が好きな人は，「自分の好きな時期に自由に行きたい」とか「ロングステイをしたい」といった気持ちをきっかけに，まずはタイムシェアの購入から入り，それなら思い切ってとコンドミニアムを購入する傾向が見受けられます。そうすると，コンドミニアムの維持管理費用や現地滞在費用のために，現地の銀行口座を開設するといったように，「海外資産」が増えていきます。もちろん，キャピタルゲインや賃貸などによる運用を狙って，海外資産に投資をするのも，最近では特別なことではありません。

　例えば，そうやって所有や管理してきた海外資産に対して，資産課税の面から，いろいろな問題が発生することがあるということを考えたことはありますか。

　海外資産を節税スキームに利用している場合は当然として，海外に

不動産を所有し，それを誰かに賃貸しているといったことや，海外の預金に発生した利息など，現実に収入が発生したことについて気にすることは多いと思います。でも，そういった目に見えて実感のある状況ではなく，単に現地の取引や所有に関する慣例に従っただけなのに，日本で全く想定外の課税がなされることがあります。また，先々，自身が亡くなって，相続が発生したときに，日本での相続税がどうなるのか併せて考えておく必要があります。

　本書では，筆者が国税当局で資産課税の国際税務専門官に在籍し，そこで経験したり研究してきた国際資産課税の分野において，考えたり気づいたことを思いつくままに話そうと思います。また，国税局訟務官室での訴訟担当をはじめ，審理担当でもあった経験やスキルも併せたところで，もう一歩踏み込んだ話ができればと考えています。

　正直にいうと，国際資産課税の分野においては，当局の人材育成はまだまだ発展途上にあるといわざるを得ません。なぜかというと，筆者が所属していた国税局では，国際資産課税の取組みの歴史が浅いこともありますが，課税部に対する資産課税のセクション自体がマイナーな立場であり，人事の関係上，スペシャリストが育ちにくい環境にあります。加えて，資産課税の国際税務専門官が設置された当時，チャレンジャーズスピリッツに溢れ，その一時代を築いた職員が，定年退職を迎えて戦線を離脱したことが挙げられます。筆者は，その過程で，その諸先輩職員と一緒に育ってきたといってもよいかもしれません。

　しかしながら，現在，国際資産課税の最先端に配されている担当者は，おそらくそのほとんどが英語を話すことができず，法律英語や英文会計，国際法の知識も浅いので（ほとんどないといってよいかもしれません），国際資産課税の案件の処理に苦労し，中には相当な抵抗

感を持ちながら実務に当たっている人がいると聞いたことがあります。

　今後，当局においては，人材育成，スペシャリストを育てる環境を作ることが，大きな課題のひとつであると言えましょう。

　さて，いろいろと前置きをしましたが，本論の国際資産課税の話をしましょう。

　その前に，ひとつ注意願いたいのですが，本書では，論文を書こうというわけではなく，筆者がいろいろな研修の講師を務めた経験を踏まえて，みなさんにぜひ，国際資産課税に興味を持っていただきたいという目的で，筆者自身，研修のような状況で話すつもりで進めていきたいと考えています。

　そのため，内容に法令や裁判例を挙げたりしますが，あえて脚注をつけるといったことはしていません。まずは気楽に接していただけたらと思います。また，引用する法令等については，2020 年 4 月 1 日現在のものを前提にしていますので，改正等による変更に注意してください。

　それから，後ほど触れますが，国際資産課税の分野は未開発といいますか，まだ課税の取扱いなどが明確化されていない事項が多々見受けられます。そのため，いろいろな事例を挙げて課税関係の検討を加えていく中で，筆者の見解を述べる部分があります。そういった部分は，みなさんが実際の事例などに当たったとき，アプローチの方法として参考にしていただけたらと思います。

2020 年 8 月

安永　淳晴

Contents

CHAPTER **1**

不意打ち課税の要素が満載の「国際資産課税」
——なぜ今，国際資産課税なのか

1

課税実務では一般化していない 「国際資産課税」

　国際課税と呼ばれる中で，法人税と個人所得税については，ある程度の歴史があります。ついこの前も，パナマ文書やパラダイス文書の流出が報道され，「租税回避」という言葉が一般的に知られるようになりました。また，かつて航空機リース事件という課税訴訟事件がありましたが，これも租税回避が争われた事件です。ここにいう租税回避は，法人税や所得税のいわゆるフローの収入に対してされていることで，毎年，毎事業年度に計算する「所得」の計算に影響するものです。

　しかしながら，課税当局は指をくわえて見ているわけではありません。度重なる法改正に加えて，タックスヘイブン対策税制，CFC（Controlled Foreign Company）税制ともいいますが，そういった制度を設けて，租税回避に網を張る法令上の措置をしています。ただ，この分野については，スキームの規模や金額がかなり大きく，大規模な法人や高収入を得ている法人，その関係個人や富裕層などが中心となっていて，バックには大手会計事務所，法律事務所や金融機関が絵を描いていることがあるようで，スキームを創設する側とこれを取り締まる課税庁側が，相当な研究とノウハウを積み重ねています。このことは，タックスヘイブン対策税制などをめぐる幾多の課税訴訟事件からも，見て取ることができます。

　そうはいっても，こういった国際租税回避スキームは，そのスケー

ルの大きさから，一般的には，あまり身近に感じることはありません
し，手の届かない遠い存在に思えるでしょう。「何やらよく分からな
いけれども，本来払うべき税金を免れている」といったぐらいにしか
感じないかもしれません。

　この点，資産課税の分野で，海外資産をめぐる事件や事案はどうで
しょうか。

　確かに，過去には大きな課税訴訟事件がありましたが，顕在化して
いる案件としては，法人税や個人所得税に比べてまだまだ少ないとい
えるでしょう。

　先ほど，海外資産が身近になったといいましたが，そういった資産
が関係する国際資産課税の分野では，ダイナミックな租税回避スキー
ムではなくても，趣味嗜好などプライベートな面での取引が関わるた
め，資産自体の金額が大きいものから小さいものまで数多くあり，資
産の種類も，不動産から預金といったものまで多岐にわたっています。
最近になって，相続税の申告において，海外資産の申告漏れが増加し
ていると国税庁の発表がされるようになりましたが，このことは，海
外資産が身近なものになってきていることの現れといえるでしょう。
でも，まだまだ氷山の一角で，潜在的には多くの海外資産の案件が存
在していると思います。

　筆者は20年以上課税当局の側で，税務調査の現場にいました。そ
の現場での感覚としては，国際資産課税の分野で，海外資産を巡る事
案がもっと頻発してもおかしくないと考えています。実際に，相続・
贈与税の課税をかいくぐって，世代間を移転している海外資産が，多
数存在しているのではないでしょうか。

　そして，海外資産を専門に取り扱う税理士が少ないこともあって，
海外資産に関するノウハウやスキルが，いまだ浸透，一般化されてお

らず，国際資産課税の分野が世間に知れ渡っていないようです。つまり，課税の業界で，国際資産課税は，まだまだマイナーであるということです。それだけに，税務調査などによって，海外資産に関連する事実が明るみに出たとき，その納税者にとって，まさに「不意打ち」と思える課税がされてしまうということになります。

　また，国際資産課税が一般化していないことについては，以下の理由が挙げられると考えています。

---

① そもそも，資産課税の分野である相続税，贈与税や譲渡所得で，海外資産に関する事実が課税庁において捕捉できておらず，課税事案として掘り起こされる件数が少ない。

② 納税者側において，国際資産課税，海外資産に関する税務上の問題の意識がない。

③ 課税庁において，海外資産に関する税法上の取扱いが明確になっていないため，課税するための理論構成ができず，課税事案とすることができない。

　次では，これらのことについて，若干述べていきたいと思います。

2 一般化しない理由①

——課税庁における海外資産の捕捉について

　まず上記①についてです。同じく②にも関連することですが，大手会計事務所や国際案件に強い税理士事務所と顧問契約をしているような人を除いて，海外資産が，日本で課税の対象となることを知らないという人がいるようです。そういった人については，海外資産の存在が「申告」という形で現れることはありません。そのため，課税を前提として，その事実を捕捉することに対しては，課税庁側に一方的な役割といいますか，義務が課されるわけです。そもそも事実が分からなければ問題にすることもできません。

　資産課税，特に相続税では，資産が「そこにある」という事実を突き止めない限り，一切課税することはできません。日本国内の資産なら，それが不動産であれば登記を調べれば済みますし，預貯金や有価証券であれば金融機関を調査すれば把握できます。

　でも，資産が海外にあれば，その難易度は一気に上がります。仮に，その資産について日本と海外をまたぐ何らかの動きがあれば，資産自体あるいはその派生資産が，日本を出入りするときに作成される法定調書などをネタに，存在を捕捉する余地があります。ただ，これが海外で「じっとしている」資産を見つけるとなれば，日本から手を伸ばして，その事実に関する情報を取りに行かなければなりません。

　筆者は，在職中，海外の資産を捕捉するためにいろいろとチャレンジして，あまり深く話すことはできませんが，一定の成果を得ること

ができました。でも，やはり，筆者が想定した100％の情報や事実の捕捉に至ることができず，限界があると感じました。

　だからといって，「税務署が何も言ってこないから黙っておこう」と考えていると，仮に海外に資産があって，何らかの申告漏れを指摘されたときに，重いペナルティー，重加算税というものですが，これを伴って跳ね返ってくることがありますので，あまりお薦めできません。場合によっては刑事告発もあり得ます。

　国税庁が，重点施策として課税の国際化を掲げていることからしても，今後，課税庁側においては，いかに海外資産を捕捉するかが永遠のテーマとして続いていくと思われます。

3 一般化しない理由②

——納税者側の意識について

　次に上記②についてです。先ほど，ネット社会の浸透と，海外資産を取得することに対して，個人の気持ちの上でのハードルが下がったといったことを，海外資産が身近になった理由として挙げました。

　筆者が在職中に，海外資産関連の案件を調査した際，海外資産に関する申告漏れを指摘された納税者の大半は，「日本で課税の対象となるなんて知りませんでした」とか「資産のある現地国で課税されているので，租税条約によって日本では申告がいらないと聞きました（と思っていました）」とのことでした。中には，関与税理士が，「租税条約によって，日本で申告は不要である」と堂々と主張することもありました。

　これでは，納税者にとって，想定外の「不意打ち」となる課税が起こるのは当然といえましょう。これは大変怖いことで，納税者に隠蔽又は仮装の意図はなくとも，調査による修正申告や期限後申告によって，加算税や延滞税が賦課ないし徴収されてしまうので，本税を含めて，予想していなかったコストとなります。

　かつて，平成22年分以前では，所得税の外国税額控除に当初申告要件があったため，修正申告によってこの控除が適用できず，外国と日本で二重課税の状態となってしまい，課税上大きな不利益を被った例がありました。そういった経緯の中で，関与税理士が，税理士賠償責任を負ったとの話を耳にしたこともあります。

申告漏れを指摘された納税者が，海外の資産について，全くの別物という意識があったのか，課税当局の捕捉が甘くなるとの油断があったのか，本当のところは分かりません。しかし，総じていえることは，やはり全般的に，海外資産の税務に対して，意識の上でガードが下がるという面が垣間見えます。

　また，極端な話では，父親が，海外に移住している子どもに，住まいを購入する資金を送っていて，調査でこれが贈与に当たると指摘されてはじめて，「しまった」と気付いたというケースがあります。おそらく，日本国内のやりとりでこのようなことをすると，贈与税の問題が即座に頭をよぎって，軽々に資金援助をすることはないと思います。本当に気を付けたいことです。

4

一般化しない理由③

──国際資産課税事案に対する税法上の取扱い について

　それから上記③についてです。この点については，後ほど詳しく話しますが，まず，国際資産課税の分野で，課税関係を構成するための思考過程，考え方のルートというものを知っておく必要があります。

　本来であれば，課税するための法律である税法において，各条文に用いられている文言の定義，課税が発生することになる要件事実，その結果，どういった課税関係が発生するのか，さらにそれを前提にした所得や税額の計算方法に至るまで，全て規定されていることが建前となっています。

　しかしながら，例えば，相続税法上，「相続」や「贈与」といった文言は，税法上定義されておらず，どういった事実関係が課税の前提となっているのでしょうか。

　おそらく，みなさんは，直感的に「民法の規定を用いるのでは」と考えるでしょう。結論として，実務レベルではそれで正解です。「実務レベル」としたのは，そこから「審理レベル」のアプローチとして，事案を法的な観点から構成するのであれば，さらにその背後にある法解釈の概念を意識，理解しておく必要があるからです。

　実は，その直感的に考えたことが，「借用概念」という立派なひとつの法解釈の概念を経由しているのです。本来であれば，ひとつの法律や法体系の中で全ての用語や文言が定義されるべきなのでしょうが，予測可能性や法的安定性のため，他の法律で，ここでは民法ですが，

規定されている用語や概念があれば，相続税法でも同じ意味に解釈しましょうということです。

これに対して，例えば，相続税法に「特定贈与者」というものがありますが，これは，相続時精算課税制度を適用するために，贈与者でも一定の要件を満たした人のことをいい，相続税法上の特有の概念ですので，その条文の中で明確に規定されています。

さて，国際資産課税では，この借用概念が事案を難しくしてしまう傾向があります。

仮に，国内で全て完結する取引や法律関係では，借用する他の法律がどこにあるのか，どういった内容や概念なのか，法律の専門家でなくても，ある程度調べることができると思います。また，相続税法自体が国内の法律関係や取引関係を前提としているので，課税する目的，予見可能性についてある程度イメージできます。

しかし，国際資産課税の分野では，私法上の法律関係が外国の法令を前提としていることがあります。その場合，例えば相続税法上の課税関係を検討するには，まず，どこの国の法律が適用されるのか，準拠法を確定することになり，それが海を越えた外国の法令等であれば，その法令等によって私法上の法律関係を構成し，その取引や権利関係を法的に理解しなければなりません。その上で，法律関係を借用概念などによって，相続税法に当てはめて課税関係を組み立てる必要が出てくるのです。すなわち，国際資産課税の分野においては，その課税関係の構成が，税法はともかくとして，国内の法規だけでは解決しないことがあるのです。

そうなると，国際私法や外国法令のリサーチ，さらには外国の裁判例を調べる必要が出てくるので，これを，課税権者であり，課税における立証責任を負う課税庁側が，千差万別の外国法令による法律関係

に対して，明確かつ画一的な取扱いを示すことは，およそ不可能だと思います。

　そのため，実務的には，個別の事案が発生する都度，その発生した事務年度に「たまたま配された担当者」の間で，事案の処理を検討しています。現実として，課税庁側にそのような事情があるので，その「たまたま配された担当者」によって，事案処理の精度が左右される側面があることを否めません。

　つまり，事案の結論，課税されるか否かは，処理に当たった個々の担当者の知識やスキル，経験や実績による部分が大きいということです。

　これまで伝えてきたとおり，国際資産課税の分野については，知識とセオリー，いずれも，まだまだこれからという段階にあるといえます。

　海外資産の所有者に限らず，税理士の側においても，国際資産課税に対する興味とその知識の必要性を，少しでも感じてもらえたらと思いますし，今こそ国際資産課税に目を向けるべきだと思います。

CHAPTER 2

国税当局がついに本気を出した
──富裕層・海外資産包囲網

唐突ですが，純金融資産1億円以上のいわゆる富裕層に該当する人は，あきらめてください。

　純金融資産とは，現金，預貯金や有価証券といった金融資産から負債を引いたものをいいますが，国税当局はこの該当者やこれに準じた者に対して目を光らせています。

　具体的にはどういうことかというと，毎年の申告資料の確認は当然ですが，一定の富裕層に対しては，定期的に税務調査を実施しているはずです。「いつものことか。」と思うかもしれませんが，必ず申告漏れがあるから着手するとか，正しく申告されているかどうかの確認だけではなく，他にも大きな目的があります。

　それは，保有資産の資料情報の収集です。しかも，その範囲は家族から関連法人まで網羅的に調査が展開されます。なぜかというと，家族間などで資金の移動があれば，把握された時点で贈与などの問題が生じるのは当然ですが，一番の目的は，将来発生する相続税を見据えて，数多くの情報を集めて蓄積し，かつ，継続的に管理しておくことです。ある意味，富裕層に対しては，財産状況を監視しているといっていいかもしれません。私も，在職当時，資料情報をもとに着手した相続税の実地調査（そのときは全税目に及ぶ「総合調査」の方式で実施されました）で，その対象者から「なんで分かったの」と聞かれることがありました。まさに，蓄積されていた資料情報が効果を発揮した瞬間です。

　また，保有財産について，下手な動きを見せると，国税当局はそれに狙いを定めて，実地調査を仕掛けてくる可能性が高いといえます。

　国税庁は，この富裕層の調査も，課税の国際化と同じく重点施策としており，全国の国税局に実地調査の号令をかけているとともに，一部の国税局では「重点管理富裕層PT」を設置し，関係する全税目の

情報の集約化及び調査企画を実施しています。

　そして，その集約化される情報には，国際課税に関するものも例外ではなく，むしろ富裕層には，国際取引や海外資産の保有が結び付きやすいことから，国税当局の包囲網は，今後ますます厳しいものになるはずです。

　さらに，平成24年度税制改正によって国外財産調書制度が，平成27年度税制改正によって財産債務調書制度が施行され，一定額以上の海外資産や，まとまった資産の保有者の財産状況が，国税庁に対してガラス張りとなってしまいました。相続税の課税強化と併せて，海外資産所有者や富裕層の課税に対して，国税庁の本気度が分かる課税運営となっています。

　ちなみに，富裕層から外れる人々でも，海外資産の所有者は，他人事では済まされません。国税庁では，「海外非違割合」といって，相続税等の実地調査において，海外資産の申告漏れを把握した件数も管理しています。

　毎年，国税庁が，相続税等の実地調査において，海外資産の申告漏れ金額と件数などをプレス発表しているかと思います。そのため，相続税等の実地調査では，金額こそ大きくなくても，海外資産関連の申告漏れや非違を捕捉すること自体が重要なわけで，課税の現場では，「海外増差」と呼んでいました。

　かつて，国際課税関係や海外資産関連の実地調査は，国税局の特定のセクションが担当して，いわゆる特別扱い的な案件として認識されていましたが，現在では末端の税務署レベルにおいても実地調査をするようになりました。まだスキル不足の感が否めませんが，今後，おそらく国際課税や海外資産の実地調査において，申告漏れの捕捉率が少しずつ上がってくるものと思われますし，さらに課税が強化される

傾向にあります。

　国税当局は，海外資産を所有していることを匂わす何らかの痕跡や，海外資産に関連する申告に何らかの非違があれば，結果はどうあれ，その納税者に対して，必ず実地調査の着手に踏み切るはずです。国内資産のみで相続財産が構成されている相続税の申告よりも，海外資産が含まれている相続税の申告の方が，むしろ実地調査の対象となりやすいといえるのかもしれません。

　富裕層と海外資産の所有者には，国際資産課税について，心と知識の準備をぜひともしていただきたいものです。

CHAPTER 3

海外資産の調査現場のリアルな話

1

「事案を掘る」ということ

——資料情報の重要性

　では，現実に，国際資産課税の現場で，どういった調査が行われているか話しましょう。

　実地調査に着手する前に，どの案件に対して実施するか，やはり資料情報による選定が重要です。資料情報が調査の結果を決定づけるといっても過言ではありません。

　聞き及んでいるかも知れませんが，国外への送金や国外からの送金は，その金額が100万円を超えるものについて，取り扱った金融機関から，法定調書という形で国税当局に報告されます（内国税の適正な課税の確保を図るための国外送金等に係る調書の提出等に関する法律第4条）。

　その報告内容は，金額だけでなく，どこの国のどの金融機関で，何という名義の口座に対するものか，また，送金の理由などが盛り込まれています。実際に，金融機関で国外送金をするとき，これらの事項を備え付けの書類に記載した上で手続きされ，その内容が国税当局に報告されるというわけです。

　これらの報告内容について，例えば，国外から送金があった場合，その相手がエスクロー会社（米国等で一般的に利用され，売買代金の受け渡しや登記を代行する会社）や不動産会社であれば，何か資産を売却した代金ではないかとか，送金した人の名前と同じ名義の口座とやりとりしていれば，海外にも口座を保有しているのではないかとい

ったように，情報を読み解くわけです。それで即座に課税に結びつく
ものと判断されれば，実地調査に着手したり，お尋ね文書を送付する
ことになりますし，即効性はなくとも，将来発生し得る相続税の資料
情報として蓄積したりします。

　そして，インターネットからも多くの情報を得ることができます。
単純に，調査対象者の名前を検索しただけで，海外の法人の役員とな
っていたり，海外の法人に出資していたりというような情報が得られ
たことがあります。

　また，租税条約の情報交換規定に基づいて，他国と非居住者の法定
資料や調書をやりとりして，お互いの国で課税情報として活用してい
ます。例えば，オーストラリアのとある銀行で，日本居住者が名義人
となっている預金利子について，源泉徴収に係る法定調書の提供を同
国から受けて，日本での利子所得の課税情報とするほか，将来発生す
るであろう相続税を見据えて，オーストラリアの銀行に預金口座があ
るという情報を，ストックしておくのです。

　さらに，最近では，非居住者の金融口座情報を自動的に交換するた
めの国際基準（CRS：Common Reporting Standard）というものが公表
されて，この情報交換の実施に参加する国の間で，その口座名義人の
個人情報（氏名，生年月日，納税者番号や居住国など），口座におけ
る年間取引額や口座残高といった情報が，自動的にやりとりされるこ
とになりました。

　CRS に基づいてやりとりされる情報の内容が，法定調書レベルの
情報交換に比べて大きな効果を発揮するのは当然で，特に相続税の調
査実務では，「被相続人名義の CRS 情報がある」と，情報ソースを
明らかにした上で即活用が可能で，調査担当者の腕に左右されず一定
の効果が期待できるため，その破壊力は凄まじいものといえます。今

後，CRSの活用が課税実務でルーティン化されたとき，海外における金融機関取引の捕捉率が，一気に上昇するのは間違いないでしょう。

ところで，資料情報に関して，私が所属していた国税局では，「事案を掘る」という言葉が使われていました。

「事案を掘る」とは，どの案件を実地調査として着手するか検討する際，様々な資料情報を集めて，「何か不自然だ」という状態から，「間違いなく申告漏れや申告に非違がある」という確信にいかに迫ることができるか，資料情報の分析を行うなどの重要な作業です。その経過で，実地調査として着手の対象となる案件が絞られていき，最終的に選定されます。

この作業には，国外送金や租税条約に基づいた資料情報など，部内にあるものを活用して，いわばルーティン化されているものがありますが，とりわけ国際資産課税の案件については，反復継続性のない単発取引であることが多く，また，外国の取引慣例などが大きく関わってきますので，極めて個別性が高く，まして，海外で「じっとしている」財産を捕捉しようとなると，そのルーティンの中だけでは，確度の高い選定が難しくなることがあり，本来捕捉すべき取引や事実を見逃すおそれすらあります。

そのため，限られた資料情報以外に，世の中にある全ての情報を対象として，常に事案を掘るために，「使える」有効な情報を収集するスキルが問われます。最近では，web情報を活用することが多いですが，ツールや方法は何であれ，国際資産課税の案件の個別性の高さゆえに，使える有効な情報をひとつでも多く集め，事案を掘る切り口を見つけられるかどうかは，その作業に当たった個々の担当者のスキルに左右されてしまいます。実際に，事案を掘るため，独自の手法やノウハウを開発している担当者がいることも事実です。

ただ，そういった独自のノウハウは，人事異動によって薄まっていく傾向があります。どうしても個々の担当者のスキルに差があるので，せっかく独自に手法やノウハウを開発しても，後任の担当者などに，きちんと引き継がれることは少ないのではないかと思います。

　このようなことを考えると，国際資産課税の調査案件では，事案を掘る担当者によって，いわゆる当たりはずれが大きいのかもしれません。

2 調査官から見た調査の限界

——海外資産の捕捉と質問検査権

　国際資産課税，とりわけ相続税の調査が難しいということは，既に説明しました。日本国外で「じっとしている」海外資産に対しては，こちらから手を伸ばしてその情報を取りに行かなければならないのですが，筆者の経験上，これをされると，どうしても捕捉が厳しくなるという条件があります。それは，「金融の密航化」と「資産の匿名化」です。

　まず，「金融の密航化」について話しましょう。

　国内資産あるいは海外資産を問わず共通していえるのですが，相続税調査の基本は，何かしらの資産を取得する際の資金や処分した代金の流れを追うということです。

　特に，不動産などの資産を購入するなら，かなり大きな金額の資金が必要となります。一般的に，これをキャッシュ，即金で買ってしまうというのは，大規模な物件となると，なかなか難しいことだと思いますし，それだけの現金を，自身で保管していなければならないということです。

　まして，海外資産となると，現地通貨で購入しなければなりませんし，現地に保有する預金口座に資金がなければ，送金する必要があります。ハンドキャリーで大金を持ち出すのも，方法のひとつとしてありますが，税関で申告しなければなりませんし，何よりも危なすぎます。

そうすると，金融機関を経由してその資金を動かすのであれば，口座内に資金移動の「足跡」，つまり履歴が残ります。しかも，金額が大きいと相当目立ちます。それで，実地調査では，この履歴を端緒として「この出金（あるいは送金）は何ですか」と問いただされることになるのです。「知りません」とか「忘れました」は通用しません。お小遣いを引き出したというのとわけが違います。

　では，この「足跡」が残っていない場合はどうでしょうか。調査する客観的なネタ，取っ掛かりがないという状態になります。こうなると，金融，つまり資金の流れから，海外資産を捕捉することは難しくなるでしょう。まさに，「金融の密航化」が調査の難易度を高くするのです。ただ，資金を動かすと，小さくても何らかの足跡は残ります。そのわずかな足跡を見つけてくるのが，いわゆる「デキる」調査官といえましょう。

　次に「資産の匿名化」です。

　これは，いわゆる「名義」に着目したものです。国内の不動産も登記名義というものがありますが，これは海外の不動産でも同じことがいえます。例えば，ハワイのコンドミニアムにも，名義というものがあります。

　仮に，相続税の調査で，亡くなった人の名義で，海外資産に関する情報が発見又は捕捉されたとします。そうなると，もはや逃げることはできません。ズバリ名前が判明している上に，名義はその財産の帰属の判断に大きな影響を与えます。

　「金融の密航化」があっても，名義を伴う情報があれば，実地調査において十分な端緒となります。ただ，「名義」が「匿名化」してしまうと，資産が顕在化しないため，拾い上げることが難しくなります。

　さて，調査担当者が持つ強大な権限である質問検査権についても，

少し触れておきましょう。

　税務調査における調査権限，質問検査権は，国外で行使することができません。国内の資産に関する調査でしたら，調査担当者の裁量の下，原則として，その行使について範囲に限界はなく，反面調査によって，さほど難なく裏付けを取ることができると思います。

　しかし，海外資産の場合，その関係者あるいは事情を知る人が外国に居住していたり，外国の金融機関など，欲しい情報自体が外国に存在していたりすることが多く，裏付けを取ろうにも質問検査権の行使がままなりません。そうすると，片面的な調査しかできないため，調査対象者が，「そっちで勝手に調べてくれ」なんてことになれば，事実を明らかにすることが困難になります。

　そのため，「デキる」といわれる調査官は，質問検査権の行使に限界があることを十分理解し，調査対象者に対して，確認の必要性を入念に説明したり，相手の良心に訴えたりするなど，片面的な調査でも上手く事実関係を把握してきます。最近ではめっきり少なくなりましたが，かつては，職人のような「デキる」調査官がたくさんいました。

3

国際間の協調と課税処理に有利な法改正

——これからの海外資産をめぐる調査実務は当局に追い風

　これまで，海外資産の調査実務に関する難しい面を述べてきましたが，今後においては，当局に「追い風」の傾向があります。それは，令和2年度の税制改正のひとつで，国税通則法に係る改正です。

　この国税通則法第71条及び第72条関係の改正においては，「国外取引等の課税に係る更正決定等の期間制限」に見直しが図られています。

　その概要は，国税庁等の当該職員が納税者に対し，国外取引又は国外財産に関する書類の写しの提示ないし提出を，日にちを定めた上で求めるも，その指定された日までになされなかった場合，国税庁長官（その委任を受けた者を含む）が，租税条約等の規定に基づき，その関係する相手国等に，当該国外取引又は国外財産に関する情報提供要請の書面を発することができ，その発した日から3年間は更正決定等ができるというもので，実務的には，更正決定等の可能となる期間が延長されることになるといえます。

　ひょっとすると，国際課税の実務経験がない人にとって，この改正の意味することがイメージできないかもしれません。少し実務に沿った話をしましょう。

　確かに，質問検査権は国外で行使できません。しかしながら，租税条約等で情報交換規定がある国に対しては，「租税条約に基づく情報提供要請」を個別的に求めることができ，それを要請する書面等が国

税庁経由で相手国に発せられます。つまり，調査対象者が，自身の国外取引又は国外財産について，非協力等によって当該資料の提出を拒み，税務調査において事実の解明が困難な状況となったとき，当局がその情報が存在する相手国に対し，租税条約等の規定に基づいて，関係資料の提出あるいは事実関係の調査を求めることができるのです。

　例えば，相続税の調査で，日本国内の被相続人が国外に預金口座を所有している情報があり，その相続人である納税義務者に対し，詳細を示す資料の提出を当局が求めても応じない場合（あるいは解明する手立てがない場合も該当すると思われます），当該預金口座が存在する相手国に，被相続人あるいは納税者に係る課税情報や，同預金口座の名義人及び取引状況等に関する情報の提供を要請するのです。これは正に，「海を越えた反面調査」といえましょう。

　ただ，この「情報提供要請」は有効な手段ですが，ひとつ重大な問題があります。それは「時間が掛かること」です。

　この「情報提供要請」は，国家間を跨ぐやりとりとなるため，相手国が要請を受け取って動き出すにも時間が掛かり，まして事実関係の調査を依頼するとなると，その終了から回答がなされるまで，様々な手続きを含めて長期間を要することがほとんどです。私の実務経験を顧みても，通常約1年，中には2年以上要したものがありました。そのため，せっかく課税するために有効な情報が回答されても，そのときには更正決定等をする期間が徒過しているということが少なくありませんでした。

　この不都合性に対し，更正決定等の期間制限を「情報提供要請に係る書面が発せられた日から3年間」とすることによって，有効な回答を確実に課税に結び付けようとするものです。このことは，かつて国際課税の調査に携わってきた者にとって極めて画期的というべきで，

特に海外資産などが関わる相続税の調査が長期化する傾向のため，これに対応する大きな改正だということができます。

　おそらくこの改正によって，今後，「租税条約等に基づく情報提供要請」を調査実務で積極的に活用することが多くなり，課税の面で国際間の協調が加速すると考えられます。

　また，相手国に向けて「情報提供要請」が発せられた際，納税者に対し，その旨が通知されることとなっていますので，更正決定等の期間制限の変更が知らされるとともに，当該調査については，その時点で判明した事実関係に係る問題点等をもって一旦処理し，「情報提供要請」の回答があった後，「新たに得られた情報に照らし非違があると認めるとき（国税通則法第74条の11第6項）」に該当する場合として，再度，調査が実施されることになろうかと思います。

　調査対象者にとっては，更正決定等の期間制限が変更され，調査による課税が「時間切れ」となる見込みが減ったことにより，精神的なプレッシャーが依然続くことになります。そのため，調査対象者が根負けして，国外取引又は国外財産の資料を提出する展開もあり得ます。

　加えて，調査対象者が非協力な態度に終始していたのであれば，上記回答を端緒として重加算税を賦課すべく，調査官から追及されることも想定しなければなりません。

4

国際資産課税事案における審理面の問題

——課税するための頭脳

　先ほど，海外資産を取得ないし所有すると，その資産に関わる取引や権利関係について，現地の取引慣例や外国法令が適用されることがあると，少し話しました。

　そのために，課税庁側が海外資産に関する何らかの事実を捕捉して，実地調査に着手したものの，個別具体的な取引など，事実の詳細にアプローチしきれないことや，現地の法令等のリサーチが甘かったりして，課税事案としての理論構成ができないということがあります。

　当然，課税事案とするなら，その理論構成をしっかりしないと，不服申立てや課税訴訟で，課税処分が取り消されてしまいます。そもそも，現在の課税の現場では，更正処分や決定処分をするために，クリアしなければならない審理セクションのハードルが高いので，理論構成を固めていないと課税すらできないでしょう。要するに，課税庁内の審理セクションがゴーサインを出さないと，課税処分ができないということです。

　そうなると，国際資産課税の最先端にいる調査担当者には，審理セクションからゴーサインを得るための力量が問われることになります。

　前の章で，国際資産課税の分野においては，当局の人材育成が課題だと指摘しましたが，個別の調査案件においては，事実関係の調査から必要な外国法令のリサーチまで，全て最先端にいる調査担当者に委ねられています。ということは，その調査案件について，課税される

かどうかは，担当している調査官のスキルやノウハウに左右される部分が大きいということになります。調査担当者でも，自ら時間や労力を惜しまずに食い下がってくれば，課税に至る可能性は高くなりますし，そうではなく，調査担当者が途中で断念して，課税に至らなければ，その案件の調査はそれで終わるというだけです。

　確かに，資産課税の調査部門には，調査案件を指揮監督する統括国税調査官がいますし，国際税務専門官も複数の税務署を担当する形で配されています。しかしながら，筆者が所属していた国税局においてですが，国際資産課税の分野で，スペシャリストといった人材の育成は，いまだ発展途上の状況であり，統括国税調査官や国際税務専門官に対して，その分野の調査案件で，突破口を開くような的確な指示を出すことを期待するのは，正直難しい面があるといわざるを得ません。

　また，実のところ問題はこれだけにとどまりません。

　仮に，国際資産課税の調査案件に着手した調査担当者が，そのパフォーマンスを発揮して，課税のための理論構成を組み立てたとします。が，その理論構成について，課税処分に繋げるため，審理セクションに意見を求めることになるのですが，審理セクションも国際資産課税の分野において，スペシャリストには至らなくとも，真っ当な結論を出せるかどうかというと，あながちそうでもありません。

　調査の現場では，調査担当者が，調査中の案件に「これ，課税しないと不公平だよね」という感覚を持ったり，課税を免れている状況を目の当たりにすることがあります。

　しかし，ひとたび課税処分をするとなると，当然，税法の規定に基づいていなくてはなりませんし，不服申立てや訴訟に至るまで，その処分を取り消されることなく，維持しなくてはなりません。

　このため，審理セクションが課税処分のゴーサインを出すに当たっ

ては，課税しなければ不合理であるとか公平を失するという視点では
なく，十二分に勝てるかどうか，つまり，不服申立てや訴訟で，課税
処分が取り消されないかどうかに重点が置かれる傾向があります。

　まして，国際資産課税という慣れない分野で，外国法令の規定や解
釈が課税のポイントとなったとき，なかなかゴーサインが出ないとい
うことがあります。というのも，国際資産課税の事案は，先例となる
裁判例などが少なく，質疑応答事例集に掲載されているはずもありま
せんので，審理セクションがなかなか結論を出せない状態に陥ってし
まうのです。

　これは，審理セクションが，国際法（公法及び私法）などの知識を
フォローしていない（その知識の必要性すら感じていないかもしれま
せん）ことや，外国法令に対して原文で勝負することができないため
です（全て日本語訳をしないと審理できないということです）。ここ
にも人材面での問題があるといわざるを得ません。

　要するに，個別の調査案件に対して，処理に関わるセクションのス
キル不足によって，課税庁側が課税すべきかどうか判断できないがた
めに，結局のところ，課税に至らないという結果になってしまうので
す。

　さらに，実地調査の案件を処理する際，「立証」つまり「証拠」の
レベルで重要な問題があります。課税する側の目線となってしまいま
すが，知っておいてもよい話だと思います。

　一般的な国内の案件であれば，質問検査権を行使して，課税要件事
実を立証する証拠を収集すればよいのですが，国際課税の案件となる
と，国外にある対象物件には質問検査権を行使することができません。
このことは既に話したとおりです。

　国税庁は，このような不都合を補うために，海外に長期出張者を派

遺し，質問検査権の行使に当たらない範囲のもの，例えば，現地国の登記情報の入手や現地確認，現地国の法令のリサーチなどを行わせたり，民間情報会社に対して現地法人などの調査を依頼したり，先ほども触れましたが，現地国の課税当局に，租税条約に基づいた情報提供を要請するといったオプションを持っています。

　これらのオプションによって収集した資料や情報は，かなり有効なものとなりますが，その一方で，実地調査案件の課税処理において，「証拠」として直接活用してもいいのかどうかという問題があります。

　この点についてですが，実地調査における事実の立証は，原則として，質問検査権の行使によって収集された証拠を前提としています。

　ただ，課税処分の取消しを求める行政事件訴訟は，民事訴訟手続きに則った主張立証に基づいているので，提出される証拠の範囲については，裁判所の自由心証主義を背景に，その証拠能力には限界を認めていません。つまり，立証については，違法収集されたものを除き，原則として「何でもあり」ということです。

　しかしながら，先ほどのオプションによって収集された証拠については，訴訟上は提出可能と思われるのですが，質問検査権の行使の結果得られたものではなく，現地国の登記情報といった公開されているものならまだしも，そもそも民間情報会社が作成した資料は，開示することを前提としたものではありませんし，外国の税務当局から得た資料を開示するのは，租税条約上，裁判所等に限定して開示可能な条項があるにしても，その国の税務行政の運営に対して，何らかの弊害が生じるおそれがあるのではないかということもあって，その狭間で，課税処理上，直接の証拠として活用できるのかどうか，画一的な取扱いが定まっていないという問題があります。

　国際資産課税の分野では，外国にある資産に係る事実関係や法律関

係が争点となることがほとんどであり，事実認定に至る証拠レベルで，こういった障壁となり得る問題は，課税処分を検討する上での足かせとなってしまいます。

　実務的には，その都度，個別的な調査案件の問題として処理しており，筆者の経験上，この問題を審理セクションとやりとりしたことがありましたが，総じて，積極的に証拠として出しづらいという考えのようです。そのため，課税の現場では，このような資料情報を入手しても，証拠として直接活用することを避け，可能な限り，他の証拠に置き換えることを検討しています。

　確かに，実地調査などの調査手続きが法定化された現行法下では，証拠資料が「何でもあり」という訳にはいかないと思います。

　しかし，収集される証拠資料が，課税における証拠として，どういった位置付けとなるのかは，課税庁において緻密に検討すべきで，場合によっては，総じて証拠として活用するというように，思い切った課税実務での運用をしないと，国際資産課税のような国際税務の案件で，他に置き換える証拠が見つからない状況に陥ったとき，みすみす課税を逃すという事例が発生するおそれがあります。

　なお，この問題については，注目すべき点があります。先ほどの令和2年度の税制改正，国税通則法における「国外取引等の課税に係る更正決定等の期間制限」の見直しについて，少し補足します。

　この期間制限の見直しについては，その前提が「その課税標準又は税額等に関し，租税条約等の相手国等から提供があった情報に照らし非違があると認められること」とされています。つまり，更正決定等に当たっては，相手国からの情報を，そのまま課税の基礎となる事実として，課税標準あるいは税額等に違いが生ずることが要件となっているため，その「相手国から提供があった情報」自体が，課税におけ

る証拠となり得ると考えられるのです。

　とはいえ，「情報提供要請」について，各国と締結されている租税条約を見ると，「所得に対する租税に関する」，「租税に関する情報の交換のため」，「脱税の防止のための情報の交換」，「遺産，相続及び贈与に対する租税に関する」というように，締結国ごとに異なった前置きがされており，こと「所得に対する租税に関する」租税条約の相手国に対しては，相続等に係る租税の情報が「情報提供要請」の対象外であると思われることから，回答によって得られた情報が，相続税の課税における証拠として採用されるべきではないとか，そもそも要請できる余地がないとか，実務の上で細かいことを考えると，依然としてキリがありません。これらについては，改正後における課税実務及び運営を注視したいところです。

　これまで，いろいろと伝えてきましたが，いうなれば，国際資産課税の分野は，課税のセオリー自体が未成熟だということです。

　しかし，見方によっては，未成熟であるがゆえに，課税する側よりも，国際資産課税の知識や実務における問題意識を持つことによって，たとえ実地調査に遭っても，課税庁と対等，それ以上の立場で議論を展開できる余地がありますし，課税に対する予防法務的な手段を講ずることもできます。

　課税されないためには，課税庁との知恵比べに勝たなければなりませんし，そのためには調査担当者を論破する必要があります。つまり，国際資産課税の知識とスキルにおいて，課税庁に対してアドバンテージを得ておくということです。

　次では，この知識やスキルについて，そのエッセンスの部分を話したいと考えています。少しでもお役に立てればと思います。

CHAPTER 4

事例でみる国際私法・外国法令と国際資産課税 ──「ジョイントテナンシー」を例に挙げて

1

シンプルだがよくあるモデルケース

　実際に国際資産課税の事案において，国際私法や外国法令がどのように位置付けられ，その課税関係にどういった影響があるのか話したいと思います。ここでは，海外資産がある場合の相続関係のモデルケースを示して，考えてみたいと思います。

　被相続人は日本国籍で，日本に住所地があります。相続人は，妻，長男と長女の3人。遺産が，国内にあるものと，米国のカリフォルニア州にコンドミニアムがあって，そのコンドミニアムは被相続人と長男の「ジョイントテナンシー」によって所有されています。といったケースを考えてみましょう。

　最初に考えなければならないのは，私法上，つまり民事上の相続関係でしょう。いうまでもなく，特に遺言や死因贈与などがなければ，遺産については，法定相続人の間で分割協議に付されることになります。

　被相続人は日本国籍なので，日本の相続法が適用され，日本の民法によって相続関係は処理されることになります。しかし，ここで疑問が残るのは，カリフォルニアのコンドミニアムの相続関係です。

　おそらく，国際私法の知識がなければ，カリフォルニアのコンドミニアムに係る所有権について，とりあえず被相続人の持分と思われる半分を，遺産分割の対象として，法定相続人の間で協議にかけてしまいそうですが，これは誤りです。

このケースでは，そもそも「ジョイントテナンシー」とは一体何なのかということと，コンドミニアムの相続関係には，日本と米国（カリフォルニア州）のいずれの国の法律が適用されるのかという準拠法の問題があります。

　まずは，このケースに挙げるジョイントテナンシーについて理解しましょう。

　ジョイントテナンシーとは，もともと英米法系の国における共同所有形態のひとつで，日本における「所有権」とほぼ同じと考えてよいかと思います。また，各共同所有者は，"in equal shares"，つまり，均等の持分によって所有することになります。

　そして，このケースで問題になる大きな特徴として，"（joint tenants with）rights of survivorship"という法的性質があります。日本語では，「生存者権」と訳されているようです。

　これは，共同所有者の1人が亡くなると，その所有権が必然的に他方の共同所有者に帰属するという法的性質のことで，たとえ，その亡くなった人が生前に，"Will"（日本でいえば遺言のことです）で取得者を定めたり，相続人の間で分割協議をして取得者を決めたりしても，生存者権に対抗することができません。

　では，この生存者権が認められているコンドミニアムについて，日本での相続関係でどのように処理すればよいでしょうか。これは，準拠法の問題です。

　被相続人が日本国籍ですので，「法の適用に関する通則法」の第36条にある「相続は，被相続人の本国法による」という規定によって，日本の相続法が適用されることになります。そうすると，遺産分割の時期，方法，基準，効果に関する問題は，相続の準拠法によるとされているので，コンドミニアムも，日本の相続法によって分割協議の対

象としてもよさそうですが，生存者権のことを考えると何か違うような気がします。

　この点についてですが，外国にある財産の権利関係も，一律に被相続人の本国法である日本の相続法が適用されるわけではありません。現地の法令の適用があるかどうか検討する必要があります。

　国際私法では，「個別準拠法は，総括準拠法を破る」という原則があります。これは，相続財産の対象は本国法によるのですが，物については，その所在地の法が相続を認めていないときは，相続の対象とならないという意味です。

　このケースに当てはめるなら，総括準拠法である相続法は日本法によりますが，コンドミニアムに設定されている所有形態，ジョイントテナンシーは，個別準拠法である財産所在地のカリフォルニア州の法令に基づいて，相続の対象ではなく生存者権によることになります。つまり，コンドミニアムについては，カリフォルニア州の法令が日本の相続法に優先するということです。

　また，「法の適用に関する通則法」の第13条には，動産，不動産に関する物権や登記すべき権利は，財産の所在地法によると規定されています。そうすると，ジョイントテナンシーは所有権（物権）で，かつ，いわゆる登記を経由していますので，権利関係については，所在地法であるカリフォルニア州の法令が適用されることになります。

　そうするといかがでしょうか。このケースでは，生存者権の効果によりコンドミニアムを長男が取得することになって，他の財産については分割協議に付されることになります。

　実のところ，筆者が経験したケースでは，被相続人とＡのジョイントテナンシーによって所有されていた不動産が，日本での分割協議で，ジョイントテナンシーの共同所有者Ａではなく，任意に決めた他の財

産取得者Bが承継したとして，相続税の申告がされたことがあります。

しかしながら，実際に行われた移転登記を確認すると，①ジョイントテナンシーによって，「被相続人・A」となっていたものが，②被相続人が死亡した後，Aが全部の所有者となり，③「A・B」によるジョイントテナンシーの形態になったという経緯をたどっていました。

これは，②の段階が生存者権による移転で，③は，Aが全部の所有者であったところを，新たにBがジョイントテナンシーによる共同所有者となったということを示すものです。こういった移転登記を経由したのは，「被相続人・A」の状態から，直ちに「A・B」とすることができないためで，当然の流れといえます。

この申告の関与税理士によると，この点について，「一連の移転登記が『単なる名義の移転』であって，財産の権利は分割協議によって処理したとおりである」という主張でした。しかし，この件については，残念ながら，準拠法の問題や現地の法令の検討を看過してしまい，国際私法の理解不足が招いた誤りだというほかありません。

なお，この事案は，Aが生存者権によって取得した半分の持分について，AからBに贈与があったとして，Bに贈与税が課税されることになります。この課税関係の根拠については，後ほど触れることにします。

別途，錯誤の議論がありますが（これは法解釈上の認識に対する誤りですので，課税上の錯誤に当たらないと思われます），本来であれば，負担しなくてもよかったと思われる税金を支払うことになってしまったのです。

では，ここでジョイントテナンシーと，その前提となる米国（カリフォルニア州）の不動産の所有権移転について，さらに詳しく説明しましょう。きっと，単なる名義の移転ではないことが分かるかと思い

ます。

2

米国（カリフォルニア州）の不動産の所有権移転について
——外国の制度は日本とは違う

　ジョイントテナンシーの話に入る前に，米国の不動産の所有権移転が，どのような概念に基づいているのかということや，どういったプロセスでなされるのかといったことを説明します。このことは，ジョイントテナンシーを理解するための重要な知識なので，ぜひとも知っていただきたいと思います。

　まず断っておきたいのですが，米国は，州ごとに民事あるいは商事の法令を定めていますので，不動産が所在している州によって，関係法令をリサーチする必要があります。慣習法や統一的な取扱いもありますが，州法によって修正が加えられていることがありますので，注意が必要です。今回は，米国でも，カリフォルニア州にある不動産を前提として，その所有権移転について話します。

　ところで，日本の民法では，申込みと承諾が合致して契約が成立し，物権変動，所有権が移転することになります。実際の取引では，契約の内容に，所有権移転について，代金の決済時にするといった特約条項を設けることによって，その時期を定めていると思います。また，移転登記については，所有権が移転して，その権利者となった人が，その旨を公示するために行うものです。

　しかしながら，米国では少し異なったものになっています。

　英米法系の国では，不動産の所有権移転の際，"Deed"という文書が譲渡者によって作成されます。

"Deed" は「譲渡証書」と訳されることがありますが，資産の譲渡には，この Deed という文書が用いられています。

　譲渡に Deed を用いることは慣習法の概念を根拠とするもので，Deed とは，譲渡者によって「作成」され，譲受者に「交付」されることによって，所有権移転の法的効果を発生させるための法律文書です。不動産の所有権移転がされる際には，必ずといっていいほど，譲渡者と譲受者の間に Deed が介在しています。

　では，Deed には何が書いてあるのか，実際に Deed でどんなやりとりをするのかということを話します。

　まずは，Deed の有効要件についてです。Deed は法律文書であるといいましたが，Deed には必ず記載しなければならない事項があります。

　それは，①所有権を移転する資産が表示されていること，②譲渡の効力発生文言を記載すること，③譲渡者によって正当に作成されていることです。

　具体的には，Deed に，「譲渡者Aが譲受者Bに対して，○○にある××を譲渡する」と記載され，末尾に譲渡者の署名がされます。これで，上記①から③の事項がカバーされ，譲渡者によって「作成」されたことになるのです。これを譲受者に「交付」することになります。もちろん，譲渡者と譲受者に，意思能力や行為能力が必要です。

　でも，実際に Deed を見ると，その他にも「譲受者は対価として 10 ドル（5 ドル，0 ドルあるいは "LOVE"）を支払う」といった文言があるのですが，これについては，取引の上で特に重視する必要はありません。というのも，英米法系の国では，取引一般においては，慣習法上「約因」といって，当事者が，お互いに対価関係に立たなければならないという要件があります。先ほどの文言は，これを受けて記載される文言にすぎないので，実際の取引内容を示したものではなく，

特に気にすることはありません。実際の売買金額や売買の条件などは，別途作成される契約書に掲げられています。

　そして，譲渡人が Deed を譲受人に交付します。慣習法的には，現実に手渡すことになるのですが，今日では，不動産登記制度を背景に，譲渡者が作成した Deed が登記されることで，交付が推定されることになっています。ここでも当然のことですが，譲渡者に交付する意思を伴うことが前提となっています。このように，Deed を用いて，資産が移転されるのですが，この「移転」の効果は，慣習法上，その資産の「所有権が譲渡されるための当事者間の行為又は法の作用」と定義されています。

　また，今日の不動産取引実務では，慣例的にエスクローが利用されています。エスクローというのは，取引当事者間で契約が成立した後，その間に入って，売買代金や費用の清算，Deed の登記申請を行う会社です。それで，エスクローに寄託される際に，「エスクロー指図書」に署名し，譲渡者が Deed に署名して認証手続きをすることによって，「移転」の効果が発生することになっています。いずれにしても，最終的には Deed が登記されることには変わりはありません。

　では，Deed が登記されることが，法的にどんな意味を持つかということです。

　米国でも日本と同じように，原則として登記自体に公信力はありません。しかし，先ほど説明したように，Deed の登記をもって，有効に Deed が交付されたと推定されます。

　それで，この事実上の推定については，米国の裁判例によると，この推定を覆す証拠を示す余地はあるものの，その証拠としての評価が「明確かつ十分な証拠」として，かなり高度のものが要求されています。

この点について，取引の実際は，契約が成立した後，エスクローが当事者の間に入って，きちんと取引を完結させますので，瑕疵があるまま取引を進めるというようなことは，よほどのことがない限り，一般的にまずあり得ません。ですので，一旦 Deed が登記されると，これを覆すような要素は，現実的にほぼ見つからないといっていいでしょう。

　Deed が登記されるということは，所有権移転において大きな意味があるのです。

　それなら，他方で，取引における「契約」には，どういった法的な意味があるのか疑問に思うかもしれません。

　確かに，米国でも不動産の取引では "Contract" とか "Agreement" といった契約書が作成されます。どの段階で契約書が作成されるのかというと，取引当事者が，契約の前段階で，売買条件などがオファーとかカウンターオファーという形でいろいろと交渉され，その交渉内容がまとまって，合意に至ったときに契約書が作成されます。その後，エスクローが間に入って履行，引渡しの段階に移行します。そのときになって Deed が登場するわけですが，これに先立って交わされた契約書は，この取引での当事者が得ることになる権利や負担することになる義務を，債権的な関係として定めたものと位置付けられます。

　おそらく，この点が日本の場合と決定的に異なる部分かと思います。日本では，物権変動を前提とした意思表示を反映した証拠として，契約書の存在を捉えているのに対して，米国では，契約によって，その取引の当事者として法的に拘束し，お互いに決めた権利や義務の内容を表したものにとどまるということです。

　少し話がそれますが，実地調査などの実務でも，この点の理解がないために，証拠として契約書のみを押さえて，「当該譲渡の事実があ

った」という誤った事実認定がされることがあります。本来であれば，Deed を押さえてはじめて，その認定がなされるべきでしょう。

　また逆に，実地調査で Deed のみを把握したものの，先ほど説明した Deed の対価に関する文言の記載を指摘して，「売買金額が 10 ドルなのか」とか「愛情（LOVE）が対価と書かれていて，ふざけた内容になっている」といったように，何とも笑えないことを主張する調査担当者がいました。

　話を戻しましょう。いろいろと Deed について述べましたが，不動産取引実務では，Deed の様式は定型化されていますし，実際の取引においても，不動産業者が仲介して，売買条件の交渉や契約書の準備，エスクローに移行する手続きから引渡しまで，ひととおり段取りをしてもらえるので，正直，当事者は，言われるがまま，書類に署名するという状況になるかと思います。でも，その過程には，一連の法的な効力を発生させるための手続きが盛り込まれているのです。

　"Deed" について話しましたが，日本での所有権移転や不動産登記の概念と異なることを分かっていただけたかと思います。

3

ジョイントテナンシーとは

　ジョイントテナンシーについて，話を進めたいと思います。

　いうなれば，Deed が総論で，ジョイントテナンシーが各論のような位置付けになるのかと思います。

　ジョイントテナンシーが，米国での共同所有形態のひとつであるということと，ジョイントテナンシーに生存者権があるということは，既に話しました。

　では，ジョイントテナンシーとしての所有形態が，どうすれば成立するのかということを説明します。

　カリフォルニア州の取扱いでは，ジョイントテナンシーの成立要件として，ジョイントテナンシーであることを「法律文書に明確に記載すること」とされています。

　先ほど，Deed が所有権移転のための法律文書であるといいました。このことは，ジョイントテナンシーの成立にも当てはまるもので，譲渡者が，Deed にジョイントテナンシーを成立させるといった文言を併せて記載して，譲受者に交付することで法的に成立します。

　具体的には，所有権移転の際，Deed に譲渡の発生文言を記載するといいましたが，これと併せて，譲受者の表示に，"（A and B,）as joint tenants"という文言を記載するのです。"joint tenants"というのは，ジョイントテナンシーにおける共同所有者のことをいいます。あえて訳を充てるなら，「（AとBは，）ジョイントテナンツとして」となる

のでしょうか。この文言を記載した Deed が登記されることによって，やはり高度な事実上の推定力を背景として，ジョイントテナンシーが成立します。このため，その不動産の所有形態を確認しようとするのでしたら，Deed にこの文言があるかどうかを，確認すればよいということになります。

　また，ジョイントテナンシーが一旦成立すると，Deed が交付された効果と同様に，高度な推定力というものが発生しますが，それがどの程度のものなのかということです。

　これについては，ジョイントテナンシーの成立について判示したカリフォルニア州の裁判例をみると，「ジョイント財産を取得する際の資金出所を示すのみでは，その成立の推定を覆すことができない」とされています。

　つまり，AとBのジョイントテナンシーによって取得された財産が，実はAが購入資金を全部負担していた場合，Aが，この財産を，実質的には自分の単独所有だと主張しても，一旦成立したジョイントテナンシーは覆らないということです。

　一方，日本では，名義と実質の所有者が異なる場合を認める余地があります。特に，登記名義については，物の所有を第三者に対抗するために備えるもので，その役割は，取引の安全に重心が置かれています。

　確かに，課税上の前提となる事実関係を認定する上で，登記名義については，反証の存在を意識しつつ，「名義を取得しているのだから，それ相応の取引や事実関係があったのだろう」と，権利の存在を推認するひとつの間接的な事実として考慮することはありますが，米国のように，高度な事実上の推定力を前提としていません。

　そして，その実質の所有者の判断は，なぜ名義と実質が異なること

になったのかという経緯も重要ですが，取得の際に誰が資金を出しているかがポイントになります。仮に，資金を出した人と出さなかった人の間に贈与の意思がなければ，その結果，名義と実質の所有者が異なった状態となる余地があります。

　話を戻して，ジョイントテナンシー成立時の当事者の意思に関わることについて，同州の裁判例では，「ジョイント財産を成立させるに当たって，隠れた意図があったとしても，その成立の推定を覆すことができない」とされています。これも，Deed が交付された効果を背景としたもので，特に当事者に意思能力がなかったというわけでなければ，「そうするつもりがなかった」としても，ジョイントテナンシーの成立が否定されないということです。

　ここまでの話を考えると，ジョイントテナンシーが一旦成立すると，現地の法律及び法解釈上，日本の登記制度の感覚で「名義を回復させればいいか」というわけにはいかないことが分かるかと思います。

　さて，そもそも，ジョイントテナンシーによって所有することが，どういった点で有用なのかということを付け加えておきます。

　米国のような英米法系の国では，ある人が亡くなって，日本でいう相続が発生すると，「プロベイト」という裁判手続きによって，亡くなった人の遺産について，清算と分配が行われます。ここまでの話なら驚くこともありませんが，この手続きが終了するのが早くて 1 年，長いもので約 3 年かかるといわれています。そして，その州にある財産は，この「プロベイト」の対象となります。

　それで，その「プロベイト」の手続きを回避する方法が，"Living Trust"，つまり生前信託を利用するとか，ジョイントテナンシーによって財産を所有するということなのです。これらの方法によれば，その対象となっている財産は，「プロベイト」によらずに，指定された

取得者や法令等で決められた取得者に，必然的に移転します。

　なお，州によっては，これら以外にも「プロベイト」を回避するための制度がありますので，調べてみるのもよいでしょう。

　こういったことから，現地の人たちは，この「プロベイト」を回避する目的のひとつとして，ジョイントテナンシーによる所有形態があると理解しているのです。

4

ジョイントテナンシーには
どんな課税がされるのか
──ジョイントテナンシーの不意打ち課税の
根拠

(1) 質疑応答事例の内容について

これまで，米国における不動産の所有権移転とジョイントテナンシーについて，その法的な位置付けや効力を説明してきました。

では，それらのことを前提として，相続税法上，ジョイントテナンシーにどういった課税関係が発生するのかということです。

ジョイントテナンシーには「生存者権」があるといいましたが，まず，この生存者権によって，亡くなった共同所有者の権利が移転した場合の課税関係を説明します。

実のところ，国税庁がこれに関する質疑応答事例を公表しています（国税庁ホームページ「ハワイ州に所在するコンドミニアムの合有不動産権を相続税の課税対象とすることの可否」。なお，カリフォルニア州におけるジョイントテナンシーも同旨となります）。

この質疑応答事例の回答要旨では，ジョイントテナンシーに「合有不動産権」という訳があてられているところですが，これについては，生存者権によって他方の者の「権利が増加」したとして，相続税法第9条により被相続人から贈与で取得したものとみなすとしています。それでどうなるかというと，亡くなった他方の権利者に贈与税が課税されるのですが，仮にその人が，相続税の課税価格の計算上，財産取得者になっている場合は，相続税法第19条第1項の「相続開始前3年以内に贈与があった場合の相続税額」の規定によって，結果と

して相続税の課税価格に加算されることになります。

　しかしながら，この質疑応答事例の回答要旨にはその続きがあり，なお書きとして，「生存者権」について，実質的には各所有権者の間で，お互いに「自分が死んだら，生存合有不動産権者に不動産を無償で移転する」という死因贈与契約とみることもできるため，相続税の課税対象としても差し支えがないと付け加えています。

　これをみると，「ああ，そうなのか。じゃあ，この取扱いで」ということで，実務的にはこれでよいと思います。

　ところで，ジョイントテナンシーの「生存者権」の効果に対する課税関係については，さほど目新しいものではなく，以前から質疑応答事例が公表されていました。

　しかし，今の質疑応答事例については，その回答内容が，平成27年8月4日付けの国税不服審判所による裁決を境に，従来のものから変更されており，これがどういった経緯によるものかを考えてみると，今後の課税実務において，少しシリアスな事情が浮かび上がってきます。

　ちなみに「裁決」とは，国税に関する法律に基づく処分について，国税不服審判所における審査請求という手続きで下された判断のことをいいます。もう少し平たくいいますと，審査請求とは，税務調査の結果，更正処分や決定処分によって課税などされた際，その処分に不服がある場合の行政救済制度の一環で，行政部内の機関である国税不服審判所に，その処分の取消しを求めることです（審査請求の前に，課税処分をした税務署等に「再調査の請求」を経ることができます）。国税不服審判所は，審査請求がされると，その請求の対象となっている処分の適法性を審理し，「裁決」によって，処分を取り消したり，審査請求を棄却したりします。それでもなお不服がある場合は，裁判

所に訴訟を提起することになります。

（2）「みなし贈与」とは
～相続税法第９条の実務上の取扱い～

　まず，この質疑応答事例を理解するために，その原則的な取扱いの根拠となった相続税法第９条について，説明しましょう。

　本来，贈与税は，民法上，典型契約の一種として規定されている「贈与」を前提としていますが，贈与以外に，「贈与により取得したものとみなす場合」を定めて，贈与税の課税対象としているものがあります。

　この贈与により取得したものとみなす場合は，相続税法第５条から第９条に規定されています。簡単に順を追って見ていきましょう。

　相続税法第５条の規定は，生命保険契約や損害保険契約の保険事故の発生によって支払われた保険金について，受取人となっている人が，その保険料の全部又は一部を負担していないとき，払い込まれた保険料全額に対して，その負担していない部分の割合に当たる金額が，贈与により取得したものとみなされます。

　相続税法第６条の規定は，定期金給付契約の給付事由の発生によって支払われた定期金について，受取人となっている人が，その掛け金又は保険料の全部又は一部を負担していないとき，払い込まれた保険料全額に対して，その負担していない部分の割合に当たる金額が，贈与により取得したものとみなされます。

　つまり，保険契約などで掛け金を支払っていないのに，何らかの給付を受けたときは，贈与となる行為がなくても，「贈与により取得したものとみなす」ことで，贈与税が課税されるということです。

　相続税法第７条の規定は，著しく低い価額の対価で財産の譲渡を受

けた場合，その財産の譲渡を受けた人に対して，支払った対価とその財産の時価との差額に相当する金額が，贈与により取得したものとみなされます。

　つまり，法律行為としては売買ですが，目的物に見合わない対価を支払うことによって利益を得ているときは，当事者間に贈与となる行為がなくても，利益を得た部分に対して，贈与により取得したものとみなすことで，贈与税が課税されるということです。

　相続税法第8条の規定は，対価を支払わないで，又は著しく低い価額の対価で債務の免除，引受け又は第三者のためにする債務の弁済による利益を受けた場合，その利益を受けた人に対して，債務の免除，引受け又は弁済に係る債務の金額に相当する金額が，贈与により取得したものとみなされます。

　つまり，債務を有している人が，債務額に満たない支払いで債務の免除を受けたときや，債務の引受けなどがあったときは，贈与となる行為がなくても，利益を受けた部分に対して，贈与により取得したものとみなすことで，贈与税が課税されるということです。

　それから，これらの規定以外に，相続税法第9条において，「対価を支払わないで，又は著しく低い価額の対価で利益を受けた場合」も，贈与税の課税対象になると規定されています。

　この規定については，相続税法第5条から第8条の規定と比べ，具体的な行為類型を定めていない点で，抽象的な印象を受ける内容かもしれません。

　相続税法第9条については，少し乱暴な言い方をすると，「行為関係はともかくとして，結果的に得をしていたら，その部分に贈与税を課税する」ということで，この利益のことを，実務では「経済的利益」と呼んでいます。相続税法基本通達第9条〈『その他の利益の享受』

関係〉の各定めに，この規定に該当する例が挙げられていますが，これらは例示列挙で，この例に限定されることはありません。

また，こういった規定を「バスケット・クローズ（包括条項）」といいますが，具体的に課税の対象となる行為類型を定めてしまうと，それ以外の行為で明らかに利益を得ている場合に，一切課税できないというのは不公平だという理由に基づいています。

この規定に基づく課税自体，課税に対する予見可能性の点で，やや問題がなくもないですが，裁判例では，この条文自体は憲法違反ではないと判示されています。

ただ，課税実務一般では，贈与税の課税を検討する際，この条文だけで突っ走ってしまうことを躊躇します。というのも，本来，贈与税の課税は，民法に規定する「贈与」であることが原則です。

しかし，相続税法第9条は，ある行為に対して経済的利益の認定さえできれば容易に課税に至るので，仮に，乱暴な課税をしようと思えば，本来の贈与であろうがなかろうが，相続税法第9条があれば，結果的に何でも贈与税が課税できてしまうことになります。

ですので，様々な私法上の関係で，まずは本来の贈与や，相続税法第9条以外で，課税要件により具体的な行為性が認められる条文で，課税関係を組み立てることができるかどうかを検討します。その上で，カバーできない状況があれば，最後の手段として「経済的利益」の認定で勝負します。このように，課税の現場では，相続税法第9条を「伝家の宝刀」的に考えている調査官，特に，審理セクションにその傾向がみられます。課税訴訟実務でも，「まずは本来の『贈与』，仮に当てはまらなくても相続税法第9条」というように，二段構えの主張を展開します。

（3）　質疑応答事例を深く掘り下げてみましょう

さて，この話を前提として，変更される前の，従来の質疑応答事例がどういった内容となっていたかというと，先ほどのなお書きのことのみを理由として，相続税の課税対象としていました。

つまり，ジョイントテナンシーの成立を実質的な死因贈与契約と評価して，その「生存者権」による権利移転については，相続税法第1条の3に定める「贈与した者の死亡により効力を生ずる贈与」としていたのです。仮にも何も，ジョイントテナンシーの生存者権の効果に対して，相続税法第9条の適用をうかがわせる内容は微塵もなかったのです。

他方，生存者権による権利移転を「権利の増加」と評価して，相続税法第9条を適用するというロジックは，先ほどの裁決で初めて示されたものです。

さらに，その裁決があった審査請求の際には，原処分庁側，課税庁のことですが，課税の正当性を述べる中で，この従来の質疑応答事例に基づいた主張をし，相続税法第9条の適用なんて一言も出していません。

それにもかかわらず，裁決は，原処分庁の主張に対して，結果的に課税処分を維持したのですが，その主張について検討を一切加えることなく，相続税法第9条でバッサリと判断したのです（審査請求の手続きでは，弁論主義が前提となっていないのだなとつくづく感じました）。

筆者自身，この裁決を読んだとき，驚きのあまり目を疑いましたが，裁決の内容を分析したところ，その判断に至るプロセスに対して，次のように推測しています。

課税庁が主張したとおり，従来の質疑応答事例では，ジョイントテ

ナンシーによる生存者権を，実質的な死因贈与契約と評価しています
が，これには「借用概念」に似た，私法上の法律関係を税法に当ては
める解釈が背後にあります。

　ここで，借用概念に似たとしたのは，外国の法令を，借用概念によ
って直接税法に適用すること自体，租税法学者の解釈論上の議論が一
定しないためです。でも，解釈が一定しないとしても，外国の法令が
前提となっている法律関係を，税法の規定に当てはめて判断すること
に変わりはありません。

　そのため，従来の質疑応答事例に基づいた課税庁の主張については，
外国の法令に対して，「借用概念」自体の解釈が一定しないところに，
どういった理屈で，外国の法令を前提とした法律関係を税法の規定に
当てはめるのか，というひとつの大きな争点を生むことになります。

　また，仮に，外国の法令を前提とした法律関係について，税法の規
定に当てはめること自体に問題がないとしても，その適用範囲が合理
的かどうか，これまた大きな争点になり得ます。

　そうすると，審査庁である国税不服審判所が，課税庁が主張する従
来の質疑応答事例の論拠をそのまま採用するとなると，その論拠が合
理的である何らかの理由を示すか，「借用概念」あるいは外国法令を
税法に適用するための規範というものを，自ら定立する必要が出てき
ます。

（4）「借用概念」とは

　さて，「借用概念」という話が出てきました。この借用概念につい
ては，解釈論上の議論が一定しないといいましたが，ここでもう少し
深く掘り下げてみます。

　借用概念については，原則は統一説といって，民法などの他の法律

で規定されている文言について，借用概念によって解釈する際には，その法令も，民法などと同一の意味と考えるべきだとされています。

　しかしながら，課税実務ではそうはいきません。ひとつ例を挙げましょう。引用元は判例（最高裁昭和63年7月19日第三小法廷判決）ですが，「借用概念」に関して，定番となっている論拠です。

　所得税法第60条に「贈与等により取得した資産の取得費等」の規定があります。これは，譲渡所得金額の計算において，譲渡した資産が「贈与」によって取得されたものである場合は，前所有者の取得価額を引き継ぐとされています。それで，ここに規定されている贈与には，「負担付贈与」が含まれるかどうかということが問題となりました。

　本来なら，先ほどの統一説によって，贈与であれば，民法上の贈与と同じに考えるべきで，所得税法第60条を見ても，負担付贈与を除くといった規定はありませんので，負担付贈与も贈与のひとつとして，所得税法第60条に規定する贈与に含まれるということになりますが，結論は違っています。

　もともと，譲渡所得とは，資産の所有者が，その所有期間中に発生したキャピタルゲインを，譲渡した機会を捉えて課税するという趣旨によるものです。

　そして，贈与を受けた資産については，その贈与を受けた時点で，贈与者に対して譲渡所得が課税されずに，贈与を受けた人が，贈与者の取得価額を引き継ぐことによって，前の所有者の所有期間を含めて，譲渡時にまとめてキャピタルゲインの清算がされます。つまり，前の所有者である贈与者の課税が繰り延べられていることになります。

　この点，「負担付贈与」の場合は，贈与者が受贈者に資産を譲渡したと同時に，負担を免れているという経済的利益があり，その経済的

利益を収入金額として譲渡所得が課税されることになります。そのため，負担付贈与によって取得された場合は，贈与者に収入金額として経済的利益がある場合に限られますが，その時点で，前所有者においていったんキャピタルゲインが清算されているので，単純に贈与を受けたときのように，贈与を受けた人が贈与者の取得価額を引き継ぐことによって，課税を繰り延べる必要はないのです。

したがって，所得税法第60条の贈与には負担付贈与が含まれないと解することが結論になるのです。

このように，「借用概念」によって，税法に他の私法上の文言を持ち込む場合には，その条文に規定する課税の趣旨や目的といった実質的な意義を考察して，同一の意味ではなく合理的な解釈をする余地が認められています。

また，この税法上の解釈の余地を認めた借用概念については，日本の国内法を前提としていますが，外国の法令も「借用概念」によって，同じように解釈してしまっていいのかという問題があります。

外国の法令を，借用概念によって直接税法に適用することについて，解釈が一定しないといいましたが，その理由は，日本法と法体系の根本から異なる外国法令であるため，これに借用概念を認めるとなると，課税に対する予見可能性や法的安定性を著しく欠いてしまうという点にあります。

しかしながら，外国の法令を前提とした渉外事案に対して，日本での課税関係を検討しなければならないという状況になることは，避けて通れません。いずれにしても，外国の法令を前提とした法律関係を理解する必要がありますし，外国法令の解釈を無視するわけにはいかないのです。

（5） 相続税法第9条を適用する意義
～借用概念の議論に対する影響～

　先の裁決の基になった審査請求での課税庁の主張は，ジョイントテナンシーの生存者権に対し，日本に存在しない所有形態による財産について，「課税関係については，日本の私法上の法律関係と等価性・同質性の有無の観点からその法的性質を評価し，等価性・同質性を有するものであれば，それに対する日本の課税上の取扱いと同様に課税がなされるべきである」という解釈論を展開しています。

　これは，人の死亡を原因として，その財産が移転するという生存者権の法的効果が，日本の死因贈与契約と極めて酷似したものであるため，死因贈与契約を前提とした課税関係と同じ取扱いにすべきであるという解釈論です。

　この課税庁の主張については，解釈が一定しない「借用概念」を直接の根拠としない（できない）ことは分かるのですが，この解釈論自体，概念的な規範を定立したものなので，結局のところ，これ自体が争点になり得ることに変わりはありません。

　正直，この手の議論になると，法律上の条文解釈のレベルではなく，それ以前の「概念」に関わることで，どうしても抽象的な印象になってしまう傾向があるため，いわば空中戦の様相となりがちです。訴訟で裁判所が判断するのであればともかく，審査請求の段階で，主張する側も，判断する側も，その理由に主体性や合理性を持たせるのは，なかなか難しいのではないかと思います。

　そこで，先ほどの裁決ですが，生存者権の課税関係について，なぜ，課税庁が一切主張していない相続税法第9条を適用したのかという点を考えてみます。

　この点について，筆者は，審査庁である国税不服審判所が，こうい

った事案にこそ積極的に相続税法第9条を適用すべきだと認識したのではないかと推測しています。

　仮に，従来の質疑応答事例の理由に基づくなら，法律効果はジョイントテナンシーを根拠としていますが，その成立時点での当事者の事実関係だけを拾って，死因贈与契約の要件の該当性を判断することも，理屈としては不可能ではないと考えます。

　しかし，裁決は，こういった事実認定に対する検討もなく，単に相続税法第9条を適用した上での判断となっており，このように判断することによって，「借用概念」などといった解釈論に関する争点を消すという側面もあろうかと思います。

　こうして考えてみると，審査庁である国税不服審判所は，外国法令に基づく法律関係を課税関係の前提とする場合，相続税法第9条を適用して，税法の概念の中だけで決着すべきことを示したのではないかと思うのです。

（6）「国際資産課税＝相続税法第9条の適用」の構図に

　さらに，この裁決には注目すべき点があります。

　それは，その財産の購入代金を，亡くなった人の他方の共同所有者が全額支払っていたため，被相続人の財産ではないという納税者側の主張に対して，仮にそうであっても，相続開始日の直前においては，その支払ったという者の単独所有ではなく，ジョイントテナンシーの形態によって所有されていた点を指摘して，理由がないものとして退けています。

　これは，おそらく，ジョイントテナンシーの成立について，その高度な事実上の推定力を考慮したものと思われます。一般的に，財産の帰属の判断に当たっては，取得資金の出捐者や管理状況などの経緯を

必ず検討しますので，通常，このような理由の構成はまずあり得ません。

　先ほど，課税実務一般においては，相続税法第9条の適用を躊躇する傾向があると述べましたが，この裁決があるまでは，国際資産課税の実務でも同様の傾向がありました。

　つまり，海外資産や渉外事案を前提にする場合，課税する方向に持っていくためには，かなり無理があったのですが，まずは当事者間の事実関係を拾って，それで認定した事実を可能な限り国内の法令に当てはめ，何とか日本の法律関係に結び付けて，相続税法第1条の3所定の「相続又は遺贈」や，本来の「贈与」として構成することを考える必要があったのです。

　そのような経緯もあり，筆者が目を疑ったのは，裁決がいとも簡単に，相続税法第9条を適用したことです。筆者が在職中の頃を振り返ると，国際資産課税の案件で，相続税法第9条の適用の可否については，審理セクションと激しいやりとりをしてきました。そういった面で，この裁決の影響力は大きいと思います。

　もっというなら，外国の法令に基づく法律関係を理解するのは当然のことですが，直接それに相続税法第9条を適用して，国際資産課税の実務でひとつの障壁となっていた「借用概念」の議論が，事実上埋没したのではないかと思えてしまうほどです。

　いうなれば，この裁決によって，課税の現場では，相続税法第9条の適用に対して，課税する側の意識のハードルが明らかに下がり，海外資産の移転行為など，現地の法令等の概念全てを含め，この相続税法第9条を前提として，贈与税の課税がしやすくなったということです。

　今後，国際資産課税に関する実地調査においては，相続税法第9条

の適用について，「そこに課税できる条文があるのだから，使えばよい」と，調査担当者の背中を押すことになり，課税される側からしてみれば，大変シリアスな状況になるのではないかと感じています。

　「相続税法第9条」，国際資産課税においては重要な条文となるでしょう。

(7)　実際の取引における問題〜不意打ち課税の典型例〜

　これまで，ジョイントテナンシーの「生存者権」の課税関係について説明しました。

　この生存者権については，共同所有者の一方の死亡という，いわば「出口」の課税関係がクローズアップされました。

　ただ，ジョイントテナンシーについては，その成立時である「入口」の課税関係も理解しておかなければなりません。

　ジョイントテナンシーの成立については，法的な効力などを既に説明しましたが，この点に関して，課税上の問題で気になるところがあります。

　それは，米国などで不動産を購入する際，複数の人でジョイントテナンシーの形態で所有するのはよいのですが，その中の1人が購入資金を全て負担しているといった場合です。

　米国の不動産取引実務では，「リアルター」と呼ばれるいわゆる不動産仲介業者から，「名義はどうしますか」と聞かれることがあり，一体どういうことなのか聞き返すと，やはりプロベイトのことを説明されて，一定の年齢に達していれば，「誰でも名義に入れることができますよ」とアドバイスされたりします。よくあるものが，夫婦や(夫婦間には，ジョイントテナンシーの成立が認められていない州もあります)，親子でジョイントテナンシーとするケースです。こういった

場合，実際の購入資金は，夫婦のどちらか一方あるいは親が全て負担していたりします。

　おそらく，日本国内では，不動産を購入する際，名義というものに対して細心の注意を払うことが多いと思います。世間一般として，購入資金を負担せずに名義に入れてしまうと，贈与税の問題があるのではないかと，うっすらとでも思うからです。日本の登記制度の知識をさて置いても，直感的にこのような考えに及ぶようです。

　さて，ジョイントテナンシーではどうなるかというと，やはり贈与税の問題があります。

　前述のとおり，ジョイントテナンシーは，いったん適法に成立すると，Deed の交付による効果を背景として，相当高度な事実上の推定力が発生し，隠れた意図や資金出所を示しても，この成立を覆す理由とはなりません。

　これらのことを考慮すると，一切の購入資金を負担していないのに，法律上，"Joint tenants"，共同所有者としての地位を取得するわけですから，そこに経済的利益を見出して，相続税法第 9 条により，贈与によって取得したものとみなされて，贈与税が課税されることになるのです。

　また，ジョイントテナンシーは，手続き上，購入した後でも共同所有者の名義を自由に変更することができます。この場合も同様に所有権移転が発生しますので，Deed の作成と交付を伴い，購入資金を負担せずに共同所有者である "Joint tenants" の地位を得てしまうと，やはり相続税法第 9 条によって，贈与税が課税されることになります。これらの点については，裁判例でも示されているところです（東京高裁平成 19 年 10 月 10 日判決）。

　実のところ，現地のリアルターは，ジョイントテナンシーについて，

日本での課税上の問題を知らないので，先ほどのようなことを軽い言い方で聞いてくるわけです。言われるがまま，購入資金を負担していない子どもなどを，共同所有者である"Joint tenants"にうっかり加えると，日本で贈与税の問題が，まさに不意打ち課税の形で起こってしまうのです。現に課税実務でも，こういった事例が発生しています。

取引の当事者として，現地でのやりとりの中に置かれてしまうと，日本での贈与税に対する問題意識が低くなってしまうのかもしれません。ぜひ気を付けたいポイントです。

次では，少し細かいところですが，筆者が経験したジョイントテナンシーの案件を通して，そのときに考え，検討したことを話しましょう。ジョイントテナンシーの課税上の問題で，併せて議論される事項です。

5

ジョイントテナンシーの
不意打ち課税を回避できるか
──名義変更通達の適用を考える

「名義変更通達」というものをご存知でしょうか。

先ほど，ジョイントテナンシーの "Joint tenants" の変更を，「単なる名義の移転」と考えていたという事例を紹介しました。この点を踏まえて，ジョイントテナンシーにおける名義移転に対して，いわゆる名義変更通達の適用があるのかどうかということを考えてみたいと思います。

名義変更通達は，「相続税法基本通達関係主要個別通達」として定められていますが，正式な通達名は，「名義変更等が行われた後にその取消し等があった場合の贈与税の取扱いについて」といって，財産の名義変更等によって財産の取得があった場合，原則としては贈与税の課税の対象と考えるのですが，名義人と権利者が異なった状況に対しては，財産の実質の権利者の表示を明らかにして，その名義人と権利者を一致させることによって，贈与がなかったものと取り扱うとともに，贈与契約の取消し等があった場合の取扱いを定めたもので，ケースごとに 12 の項目から成っています。

そして，この中のひとつに，「過誤等により取得財産を他人名義とした場合の取扱い」という項目があります。

これは，他人名義で不動産等の登記や登録をしたことが，過誤等や軽率にされたもので，取得者の年齢などによってそのことが確認できる場合，その財産に対する贈与税の申告や決定又は更正処分の日の前

に，真実の取得者の名義としたときに限り，贈与がなかったものとみなすという取扱いとなっています。少し乱暴な言い方をしますと，財産の名義の設定を「うっかりやってしまいました。名義を正しく回復させます」という処理に対して，贈与税を課さないとする取扱いです。

この取扱いを，ジョイントテナンシーの事例にも当てはめることができるか，考えてみたいと思います。

この取扱いをみると，そもそも財産の名義と実質の権利者が一致していないことが前提で，その経緯に「過誤」や「軽率」があった場合とされています。これを不動産についていうのであれば，登記名義と実質の所有者が異なっている場合で，その経緯に過誤や軽率があったということです。

なぜこういった取扱いがあるのだろうと，もう少し踏み込んで考えると，日本の登記制度に公信力が認められていないため，名義人以外に真実の所有者が存在している場合があるという事情があります。

では，ここにいう真実の所有者とは何をもって判断するかということです。

仮に，購入したことによる取得であれば，その資金を出捐した者ということになるでしょうし，相続や遺贈で取得したのであれば，遺産分割協議や遺言によって指定された者ということになります。真実の所有者，真の権利者というためには，その前提となる取引関係や法律関係があるということです。課税は，こういった真の権利者に対してなされることが原則となっています。

既に，ジョイントテナンシーの権利性については話しましたが，ジョイントテナンシーでは，その成立において高度な事実上の推定力があって，取得の際の資金出所を示すとか，隠れた意図があるという程度では，その効力を覆すことができません。

つまり，いったん適法に成立したジョイントテナンシーにおいては，その名義人と真の権利者が異なるといった事情が，そもそも発生し得ないのではないかということです。

　そうすると，いくら過誤等があったといっても，その名義人が真の権利者ではないとする余地がなく，ジョイントテナンシーにおける"Joint tenants"としての地位を得る以上，名義変更通達を適用することによって，贈与税の課税を免れることができないことになります。

　この点について，不服申立てにおける裁決や訴訟における判決では，どういった判断がされているのか見てみましょう。

　先の裁決でも，財産の帰属について，その購入代金の支払者を理由とした納税者側の主張に対して，ジョイントテナンシーの形態によって所有されていた点を指摘して，理由がないものとして退けていることからすると，やはり，適法に成立したジョイントテナンシーにおいては，名義人と真実の所有者に，齟齬が生ずることを前提としていないと思われます。

　さらに，訴訟においては，ジョイントテナンシーの法的意味に係る正確な認識を持っていなかったとしても，自身が何らかの法的な意味で権利主体であると概括的に認識していれば，課税の基礎となる事実関係についての過誤ないし錯誤に結び付くものではないとして，名義変更通達の適用を認めませんでした（名古屋地裁平成29年10月19日判決）。簡単にいうと，自分自身が名義人となる事実さえ認識していれば，みなし贈与によって贈与税が課税され，名義変更通達が定める「過誤等」にも該当しないということです。

　したがって，ジョイントテナンシーに対しては，「うっかりやってしまいました。名義を回復させますから，贈与はなかったものとしてください」という申立ては意味をなさないことになります。もちろん，

課税庁側も，名義変更通達を適用することで，贈与がなかったものとして処理することができないことになります。ジョイントテナンシーの所有形態では，総じて，相続税法第9条を前提とした課税のリスクが伴うということになってしまいます。

　実際の課税実務一般でも，名義変更通達を適用して，真の権利者に名義を回復させることを条件に，贈与税の課税をしないという処理をすることが時々みられます。

　しかしながら，先ほど説明したように，米国などで不動産を購入する際，ジョイントテナンシーの所有形態を選択し，自身（親）の他にその子どもを "Joint tenants" に加えて，取得資金は全て自身（親）が支払っている場合，実地調査でその事実が明らかになってしまうと，名義変更通達を適用することができないために，その子どもに対して，確実に贈与税の課税がされるというリスクがあります。

　こういったことを考えると，ジョイントテナンシーの所有形態によって不動産を購入する際には，課税のリスクに対して，細心の注意を払わなければなりません。

6

ジョイントテナンシーに対する
贈与税の課税は不可避か

　ここでひとつ，問題を提起したいと思います。何とかして，ジョイントテナンシーに対する贈与税の課税を回避できないかということです。

　ジョイントテナンシーは，一般的にはプロベイトを回避する手段として認識されています。

　しかし，これまで説明してきたように，ある財産をジョイントテナンシーによって取得すると，各々の共同所有者が権利部分に見合った取得資金を負担しない限り，贈与税が課税されてしまいます。そうなってしまうと，その取得した財産については，事実上，プロベイトを回避する手段のひとつが奪われてしまうことになり，取引一般において不合理とならないかという点です。

　ただ，この理由自体は，課税の不都合性を指摘することにはなるかもしれませんが，相続税法第9条の課税要件に照らすと，その適用を妨げるほどの説得力はないと思われます。

　それならば，ということで，財産が所在する国（州）では，ジョイントテナンシーに贈与税が課税されない取扱いとなっていることを指摘するのはどうでしょうか。つまり，「現地国（州）で贈与税が課税されないのに，日本で課税されるのはおかしいのではないか」ということです。

　確かに，ジョイントテナンシーについて，日本の課税関係では，相

続税法第9条によって贈与税が課税される問題があるのですが，財産が所在する現地国では，贈与税の対象とならないことがあります。現地国と日本で課税関係が異なっているので，一見すると，これは有効な反論材料になると思われます。

　しかしながら，相続税法第9条の適用においては，ジョイントテナンシーの私法上の権利関係を根拠として，対価を支払うことなく権利を取得したことを，「経済的利益」として評価しているのです。

　これに対して，現地国での課税関係は，あくまで課税上の問題でしかなく，政策のひとつである税制としての取扱いに過ぎないのです。どういった税制にするかというのは，各国の事情による専権事項ですので，現地国の課税関係と日本の課税関係が，必ず一致しなければならないという必要性はないのです。課税の取扱いの違いを指摘したところで，「あ，そう。それで？」といわれておしまいなのです。

　仮に，課税関係の違いを有効な反論材料とするのであれば，現地国での課税関係が，ジョイントテナンシーの私法上の権利関係を根拠としていることを示した上で，課税されない取扱いとなっていることを主張すべきなのです。おそらく，これまでの説明からすると，このことを示すのは難しいと感じると思います。

　そうすると，財産の取得に当たって，ジョイントテナンシーの各名義人が，各々権利部分に見合った資金を都合することが難しい場合，贈与税の課税リスクを回避するには，ジョイントテナンシーの形態をあきらめて，その財産がプロベイトに付されることを覚悟の上で，実際に資金を支払うことができる人の単独所有にするか，もしくは現地国において，他の法形式や法的手段を探す以外にないでしょう。

　したがって，資金を支払うことができない人は，贈与税の負担なくして，ジョイントテナンシーによる所有が一切できないということに

なってしまいます。

　得てして，事実上，課税の取扱いがジョイントテナンシーによる所有を妨げてしまい，選択できるひとつの法形式を実質的に封じてしまうことになるので，この課税関係が結果において合理的といえるかどうか疑問が残ります。でも，課税の現状では，贈与税の課税を回避するのは，おそらく難しいのではないかと思います。

　さて，その一方で，ジョイントテナンシーに対しては，課税する側の立場からすると，実務上，贈与税の課税をあえて起こしておかなければならないという考えがあります。その点を次で話したいと思います。

7

現場の調査官が考えていること

　ジョイントテナンシーを巡る課税関係について話しました。ジョイントテナンシーにおいて，取得資金の負担なくして，"Joint tenants"の地位を取得したときは，相続税法第9条によって贈与税が課税されてしまうことが理解できたかと思います。

　その理論構成については，これまで説明したとおりです。ただ，ジョイントテナンシーに限らず，資産課税の分野，特に相続税と贈与税において，調査担当者がいろいろな事案で課税関係を組み立てる際，根本的なところで，どういった面に着目しているのか，コアとなる思考方法があり，それが課税の処理に大きく影響を及ぼします。また，この思考方法で課税関係を考えているのは，筆者も例外ではありません。この点に踏み込んでみましょう。

　相続税は，個人が取得ないし稼得してきた資産に対して，一生涯の決算・清算的な面があります。いうなれば，ある個人が一生涯蓄積してきた資産について，いろいろな資産に姿を変えつつも，死亡するまで一連の流れをもってシフトして，結果，その時点で存在するものが相続税の対象となります。

　ところが，一連の流れの中で，資産が減ってしまうことがあれば，その分が相続税の対象から漏れるわけです。調査担当者は，その漏れていったものが，生活に必要なものとして費消されたのか，課税を免れることになってしまうものなのか，その見極めに神経をとがらせて

います。

　相続税の実地調査では，亡くなった人について，その生前に稼得した収入の額に照らして，亡くなった時点での財産の額，相続税の申告財産の金額が著しく少なければ，その流れの中でどういった事情があったのか，例えば，家族や他の名義の財産として形成されるなど，違った方向への流れがあるのか，といったことを探っていきます。

　仮に，そういった違った方向への流れがあったとなると，その流れの起点に何があったのか，つまり，その流れが不当に課税をかいくぐったものではないのかということを，実地調査によって明らかにします。

　具体的には，その流れの起点で，何らかの移転行為があったのか検討し，もしその時点で贈与の事実があれば，贈与税という課税のフィルターを通った上で，相続税の対象にならない財産と判断します。

　このようなこともあり，調査担当者は，まだ相続が発生していない状況で，調査対象者の財産の保有状況に何らかの変化があったことを把握した際，このことが，いずれ発生し得る相続，いわば「出口」である相続税の課税を免れる結果につながらないかということを考えます。乱暴な言い方をすれば，「相続税で取りっぱぐれることにならないか」ということです。当然のことですが，実際に贈与行為があれば，まずもって贈与税を課税することになります。

　さらに，これが相続税法第9条の「みなし贈与」ということになると，ひとつの判断の要素として，この時点で何らかの課税を起こさないと，先々「相続税で取りっぱぐれることにならないか。」という点を，このみなし贈与の課税要件と併せて思考します。

　贈与税は，本来，相続税の補完税として位置付けられていますので，この発想，思考方法は，相続税と贈与税の関係を合理的に捉えている

といっていいと思います。

　ちなみに，課税訴訟の実務においても，贈与税の課税の適法性や合理性について，個別の課税要件事実に該当するため，課税しなければならないという「課税の必要性」のほかに，ここで贈与税を課税しなければ，後の相続税の課税に弊害が生じるといった「課税の許容性」の点からも，主張を組み立てることがあります。

　さて，ジョイントテナンシーの課税関係に，こういった思考方法を当てはめて考えると，取得資金の負担をしていない人が"Joint tenants"となっている状態で，課税処分ができる期間を経過し，もはや贈与税を課税する選択肢がなくなったとします。そのような状況下で，取得資金の全額を負担した"Joint tenants"が亡くなった場合，その相続財産として，相続税の課税を免れる部分が発生するかどうかということが問題となります。

　これは，先ほど説明したとおり，ジョイントテナンシーの権利性を考慮すると，相続税を課税するに当たって，亡くなった人が取得資金の全額を負担しているという理由で，実質的にその人に帰属する財産と認定するのは，もはやできないでしょう。

　先ほどの説明を思い出してください。先の裁決で排斥された納税者側の主張と同じ主旨のことを，課税する側が主張することになるのです。

　そうすると，明らかに相続税で取りっぱぐれることになる部分が発生する結果となってしまうため，やはり"Joint tenants"の地位を取得した「入口」の段階で，贈与税の課税を起こす必要が出てきます。

　もし，実地調査などにおいて，ジョイントテナンシーに限らず，他の法形式であっても，財産などが移転したと解釈されかねない何らかの事情や事実関係が発覚した場合，先々発生し得る相続の開始を想定

して，その事情や事実関係に起因して，相続財産であることを否定する理論構成が成り立ち得るのであれば，その発覚した時点で，贈与税などの課税がされる可能性が高いといえるでしょう。

　見方を変えると，こういった調査担当者の思考方法を意識すると，「不意打ち」課税のリスクをある程度読んだり，実地調査の場面で，調査担当者とやりとりする上で，調査展開や方針を予想したりすることができるのではないかと思います。

　いかがでしたか。ジョイントテナンシーの所有形態を例に，課税上の問題から，「不意打ち」課税のリスクを指摘しました。

　国際資産課税の分野では，このように様々な外国の法令や取引慣例が関わってきます。

　投資や生活上の理由などで，海外資産を取得し保有するとき，取引当事者としては全く意図しないところで，現地国の私法上の法律関係や権利関係の解釈によって，予期せぬ課税関係が発生することがあります。

　その場合，取引当事者にとっては，間違いなく不意打ち課税となり，全く想定していない税負担を強いられて，ひいては海外資産を取得することをためらってしまうことになりかねません。

　こういった不意打ち課税を避けるためにも，海外資産の取得を考える際には，国際資産課税の知識やスキルのある税理士などにあらかじめアドバイスを求めておくことが必要です。

CHAPTER 5

共同名義の預金，「ジョイントアカウント」とは
──ジョイントアカウントの権利関係と課税関係

（1） ジョイントアカウントとは

「ジョイントアカウント "joint account"」というものをご存知でしょうか。

これも，ジョイントテナンシーと同じように，英米法系の国でよくみられるジョイント財産のひとつで，2人以上の共同名義となっている銀行預金等口座です。経済のグローバル化に伴い，最近では日本人の保有者も多く見受けられます。

頻繁に海外へ出掛ける人や，海外駐在員の滞在歴がある人は，現地で銀行口座を開設していると思います。その際に，例えば夫婦あるいは親子など，共同名義で口座を開設することがありますが，そのほとんどがジョイントアカウントであろうかと思います。

まずは，ジョイントアカウントで預金口座を持つことに，どんな意味があるのかということです。

日本にはジョイントアカウントというものがありません。日本では，原則として，個人口座の名義人以外が，（取引額が少額の場合や，口座名義人になりすまして，預金通帳や印鑑を借用するといったことを除きますが）本人確認を前提に，委任の事実が確認されないまま，その預金口座からお金を引き出すなどの操作をすることはできません。

他方，ジョイントアカウントは，共同名義となっており，いずれの共同名義人も，各々自身の口座でもあるので，他の共同名義人の許可や了承を得ることなく，お金を引き出すといったことができます。日本の預金口座よりも使い勝手がよいといえるのではないかと思います。

さらに，ジョイントアカウントには，特徴的な性質があります。

ジョイントアカウントで「生存者権 "right of survivorship"」が付随しているものについては，ジョイントテナンシーと同じように，生存者権の性質が認められています。一般的に開設されるジョイントアカ

ウントは，生存者権が付随していることが多いかと思います。

　日本では，仮に預金口座の名義人が亡くなった場合，その事実を銀行に黙っているのであればさて置くとして，間違いなくその預金口座が凍結されて，名義人の相続人全員の合意が得られないと，お金を引き出せなくなることがあります。もっとも，この点については，民法が改正されて，遺産分割前であっても，単独で預貯金を引き出すことが認められますが，一定の金額に限られています。

　しかしながら，生存者権が付随するジョイントアカウントでは，共同名義人の1人が亡くなると，その生存者権によって，口座の預金等残高が自動的に他方の共同名義人に帰属することになりますので，引き続き，その口座から自由にお金を引き出すことができます。

　もともと，ジョイントアカウントの口座名義人については，各名義人自身の口座でもあるし，共同名義人が亡くなったからといって，口座が凍結されるようなことがないのです。

　それから，何といっても，生存者権が付随するジョイントアカウントは，プロベイトを回避できるということです。

　これは，ジョイントテナンシーのところで伝えましたが，生存者権の効果として，ジョイントアカウントについても，亡くなった人の遺産としての相続性が否定されています。なお，生存者権が付随していないジョイントアカウントについては，その承継手続きとしてプロベイトを経由する必要があります。

(2)　ジョイントアカウントにおける帰属の問題

　さて，ジョイントアカウントが問題となるのは，やはり当該口座に係る帰属の問題です。

　ジョイントテナンシーでは，"Joint tenants" に各々均等の権利が発

生しましたが、ジョイントアカウントではどうでしょうか。仮に、ジョイントテナンシーと同じ性質であれば、ジョイントアカウントの預金残高について、各共同名義人の人数で頭割りして、その金額が各共同名義人に帰属すると考えてしまいそうです。

　ジョイントアカウントはジョイント財産のひとつとして、もともと慣習法に基づくものだったようですが、米国では、統一法である"Uniform Probate Code"にその取扱いが規定されています。

　でも、州によっては、州法などで修正して規定されていることがありますので、個々のジョイントアカウントについて、その法的性質を調べるのであれば、それらが存在する各州の関係法令に当たってみることが必要です。しかも、"Uniform Probate Code"の条文構成が変更されることがあるので、その都度確認しなければなりません。

　筆者が実務で扱ったのは、ハワイにある銀行のジョイントアカウントでしたが、ハワイ州では、ジョイントアカウントの取扱いについて、米国の統一法である"Uniform Probate Code"の規定に拠っています。

　その中で、ジョイントアカウントの口座残高の帰属について、各名義人の拠出額に応じた割合によると規定されており、こと夫婦間においては、特に覆す証拠がない限り、その拠出額は均等と推定するとされています（Uniform Probate Code 6-211）。

　また、Uniform Probate Code 6-212 には、ジョイントアカウントの生存者権について規定されており、併せて、生存者権によって、他方の共同名義人に帰属することになる金額算定の考え方も定められています。

　その考え方については、仮に2人の名義のジョイントアカウントであれば、各拠出額に応じた割合で各々に帰属する口座残高を確定し、その亡くなった名義人に係る分を、他方の名義人が、生存者権の効果

によって取得することになります。

　さらに，これが3人以上の名義によるジョイントアカウントの場合になると，まずは，先ほどのとおり，実際の拠出額に応じた割合で，各名義人に帰属する金額を計算して，そのうち，亡くなった人に帰属する部分が生存者権の対象となるところ，その部分について，他方の2人が，各々の拠出額に応じた割合によって取得することになります。

(3)　共同名義人が死亡した場合の課税関係

　では，このようなジョイントアカウントについては，どういった課税関係が発生するのでしょうか。ジョイントアカウントに関しては，国税庁から明確な課税上の取扱いが示されていませんので，実務上，事例があった都度，検討することになります。

　まずは，ジョイントアカウントの名義人が亡くなった際，その相続税の課税価格の計算はどうしたらよいでしょうか。

　既に説明したとおり，生存者権が付随するジョイントアカウントは，私法上，相続性がないので，法定相続人の間で遺産分割協議などの対象になりません。

　そして，その生存者権の対象として，亡くなった人に帰属する部分の金額については，拠出額に応じた割合で計算することになり，その対象となる金額については，他の共同名義人に対して，ジョイントテナンシーに関する質疑応答事例と同様に，相続税法第9条によって，原則として贈与税の課税対象とされますが，死因贈与契約とみることもできますので，相続税の課税対象としても差し支えないでしょう。

　ここで，共同名義人が3名以上のジョイントアカウントの場合，その口座残高の帰属については，生存している共同名義人の間で分割協

議の対象にするのではなく，各々の拠出額に基づいた割合によって，各生存共同名義人に帰属及び課税価格に算入することになります。

　なお，この点については，ジョイントアカウントがある国や州によって，取扱いが異なる可能性があり，その関係法令をリサーチしなければなりません。

　ジョイントアカウントの帰属や生存者権の課税関係については以上ですが，帰属の判断に当たって，課税実務ではどういった対応をするのかという点にも触れておきましょう。

　もし，ジョイントアカウントの所在国で，遺産税の申告がされている場合は，帰属の判断が完全に一致するとはいえないまでも，その申告情報が参考となりますが，遺産税の申告が不要な場合など，参考情報が必ずしもあるとは限りません。

　その場合は，共同名義人に対し，拠出額等に係るヒアリングをすることになりますが，このときに，ステートメントなどの客観的な資料が残っていれば，それを基にするのもいいでしょう。

　とはいいつつも，実際には，100％の客観性と精度をもって，各拠出額による割合を特定するのはかなりの困難を伴うと思います。

　この問題は，相続税などの実地調査の現場でも同じことがいえます。

　筆者の経験上，ジョイントアカウントにおける残高の帰属を判断するに当たっては，まずは当事者である亡くなった他方の共同名義人から聴き取りをすることが必要で，客観的な資料があれば，その際の参考とします。

　それから，おおよその拠出額を把握することになるのですが，アプローチの仕方として，その口座を開設するに至った経緯，入出金方法とその行為者，入金する資金の調達方法，出金した現金の使途，口座残高などの金額を誰がいつどうやって確認しているのかといったこと

を網羅的に聴き取ります。その上で，調査対象者の主張に対し，聴き取ったことを総合的に考え，その信憑性を判断することになります。ただし，この問題の前提が過去から継続する期間における拠出額ですので，判断の合理性を考えたとき，その割合や金額に，やはりある程度の幅があるのは否めません。正直なところ，課税する側が，客観的な事実だけをもって，一方的に帰属額を認定するのは難しいのではないでしょうか。むしろ，「全部かゼロか」を判断する方が容易かもしれません。

　実際の相続税や贈与税の実地調査では，申告に計上されたジョイントアカウントの残高が，帰属の判断において，合理的な理由に基づいているのかどうかという点を，聴き取りなどによって検討するというアプローチになろうかと思います。

　そういったことを考えると，少なくとも申告の段階では，ある程度の説明ができるようにしておくべきでしょう。夫婦間のジョイントアカウントであれば，拠出額を均等と推定する余地があるためまだしも（反証の可能性を考慮しなければなりませんが），単に，共同名義人の人数で頭割りした金額を計上するとか，合理的な理由がないのに，収入のない共同名義人に，大半の残高が固有のものとして帰属しているといったように，誰が見ても，「これはどう考えてもおかしい」という金額を計上するのは避けるべきです。

（4）　口座開設から保有する間の課税関係

　ここまで，ジョイントアカウントのいわゆる「出口」，共同名義人が亡くなった場合を念頭に置いて話しました。次は，ジョイントアカウントの開設時から保有している間，起こり得る課税関係について，説明したいと思います。

ジョイントアカウントを開設するのは非常に簡単です。筆者もハワイに口座を持っていますが，銀行でパスポートを見せて，書類に必要事項を記載して，窓口の行員と少しやりとりすればよいだけです。行員に，「あなたの母親の名前は何ですか」といった，秘密の質問のようなことを聞かれた記憶があります。

　さて，筆者の場合は，夫婦で「ジョイントアカウント」を開設しましたが，その時に，筆者の妻がとりあえず 1,000 ドルを入金しました。ここで，この入金後の残高の 1,000 ドルは，誰のものになるのでしょうか。もし，共同名義人の 2 人で半分ずつの取り分があれば，実際に拠出していない私は，半分の金額を得することになります。

　先ほど，ジョイントアカウントの帰属については，共同名義人の間で，その拠出額の割合によると説明しました。

　そうであれば，口座を開設した段階では，入金された 1,000 ドルは私が拠出していませんので，その残高は私に帰属するものではありません。ということは，私は全く得をしていませんし，とりわけ入金する際にも，この 1,000 ドルを「私にくれる」といったことを妻から聞いていませんので，贈与の事実もありません。

　ついでにいうと，それ以降，筆者は，そのジョイントアカウントに入金などをした記憶が一切ありませんし，現在もどのぐらいの残高があるのか知らないので，おそらく，私が死ぬことになったら，その口座残高は丸々妻のものとして，私の相続税の申告には計上されることはないでしょう。

　このように，筆者のケースでは，金額が限りなく小さい事案ですので論外ですが（残高を把握していませんので何ともいえませんが），実は，今の説明が課税関係の前提になる事実です。つまり，ジョイントアカウントにお金が入金されたといっても，その帰属は拠出額の割

合によるので，直ちに相続税法第9条による「経済的利益」が発生するわけではありません。また，共同名義人の間で，贈与の意思表示が特にない限りは，贈与税の対象となりません。

　むしろ贈与税の問題が発生するのは，ジョイントアカウントから出金して，そのお金をどう使ったかで決まることになります。

　仮に，ジョイントアカウントから出金した後，共同名義人の1人が，単独で，車や不動産などの資産を購入した例を想定してみましょう。

　ジョイントアカウントの残高に対しては，共同名義人の間で，各拠出額の割合をもって帰属する金額が決定されますが，預金を引き出した段階では，お金に色がついているわけではありませんので，共同名義人の間で，誰の帰属部分が引き出されたのか検討がつきません。そのため，引き出されたお金については，やはりその拠出額を前提として考えるしかないでしょう。

　当然のことながら，そのジョイントアカウントには，自身が拠出したお金が含まれています。それを踏まえて，引き出されたお金の使途について，その拠出額に見合わない金額があった場合，その部分を「経済的利益」と判断されて，相続税法第9条によって贈与税が課税されることになると考えられます。

　つまり，通常の範囲内の生活費といったように，贈与税が非課税となる場合を除いてですが，自身の拠出額を超えて，返還するつもりもなく，単独で費消していれば，その超えた部分に対して贈与税が課されてしまうということです。

　そうすると，共同名義人の1人が単独で資産などを購入した場合，それに充当したジョイントアカウントから出金した資金のうち，その共同名義人の拠出額を超えた部分について，贈与税が課税されることになります。仮に，ジョイントアカウントに拠出した額がなければ，

取得資産に充当した全額が，贈与税の対象となってしまいます。

　ただ，拠出額に関係ないところで，「この口座の預金は，あなたのものとして自由に使っていいですよ」といったやりとりがされるなど，贈与契約と判断されかねない事実があれば，出金後の使途を確認するまでもなく，その贈与契約があったとされる時点，あるいはそれを前提とした入金等があったとき，「贈与」があったものとして，贈与税が課税されることも考えられますので，注意が必要です。

（5）調査事例から

　ここでひとつ事例を紹介しましょう。

　親子名義で開設したジョイントアカウントにまつわる話です。その口座に，日本から，父親が多額の送金をしていたため，実地調査によって実態解明することになりました。

　共同名義人の父親が日本在住で，その子どもが海外在住かつ現地国で仕事をしていました。もともと，子どもはその現地国に留学しており，そこで必要な費用などを調達するために，現地の銀行で，父親及びその子ども名義のジョイントアカウントを開設しました。

　父親は子どもに大変目をかけていて，現地国で就職した後も，私生活に不自由があってはいけないということで，「必要があれば使いなさい」と身の回り全般の資金として，かなりまとまった金額をその口座にプールしていました。

　この時点では，先ほどの説明のとおり，このジョイントアカウントの拠出額の割合は100％父親でしたので，その残高の帰属は父親であり，出金後の使途によって課税関係を構成すればよいのかと考えられましたが，ここからがさらに検討を要した部分です。

　このジョイントアカウントから出金する際には，ワンタイムパスワ

ードが必要で，そのパスワード生成機を，現地国の子どものみが持っていたのです。つまり，父親は，日本の自身の口座から，そのジョイントアカウントに送金して，子どもは使うのみというように，資金が一方通行で，その口座自体，子どもの実質的な支配下にある状態といえるものでした。

　また，父親の認識も，その口座の資金は子どものためにあるもので，そこから父親自身が資金を調達するつもりもなく，そもそも，そのジョイントアカウントから出金する方法を知らず，実際に出金したことがありませんでした。

　そうなってしまうと，そのジョイントアカウントの特性云々を検討するまでもなく，資金が入金された段階で，「贈与」があったものとして考える必要が出てきます。この場合，父親と子どもの間で，贈与契約があったといえるかどうかが問題となります。

　このように，実務ではいろいろな事実や事情が絡み合ってきますので，課税関係を組み立てる際には，多方面から総合的に考える力が必要となります。

　先ほども，ジョイントアカウントの帰属を判断するために，当事者から聴き取り調査をする際のアプローチ方法を話しましたが，このような事例が想定されることもひとつの根拠となっています。

　課税庁側の職員にもいえることですが，知識として少し専門的な要素が入ると，各事案に対して，その知識に関係する部分しか見えなくなる傾向があります。課税関係を組み立てる上で，広い視野を持たないと，見えていなかったひとつの事情が原因となって，全体の課税関係としての結論が，ひっくり返ってしまう危険性があります。

　いかがでしたか。ジョイントアカウントについて触れてみましたが，

このジョイントアカウントも，ジョイントテナンシーと同様に日本にはない法形式ですので，すんなりと理解するというわけにはいかないかもしれません。

　しかし，その特徴や性質など，ある程度の内容を知識としてストックする一方で，根拠法令については，インターネットで州法等を確認するとよいでしょう。

CHAPTER 6

他の性質を持った海外預金口座
——"Payable-on-death account"

ジョイントアカウントの生存者権と似た性質を持つ預金口座で，"Payable-on-death account" というものがあります。"P.O.D. account" とか，"Totten Trust" とも呼ばれているようです。これについても米国の統一法に規定がありますが，州によって取扱いが異なっている場合がありますので，州法などをリサーチすることが必要です。

　"Payable-on-death account" は，共同名義のジョイントアカウントとは別の概念の預金口座で，単独あるいは共同名義のいずれの預金口座にもみられます。

　これまでの話からすると，「共同名義口座ならば，生存者権が付随するジョイントアカウント」のような感覚を持ってしまいそうですが，実はそういうわけではなくて，共同名義の口座であっても，全てがこのようなジョイントアカウントとは限りません。ジョイントアカウントは共同名義ですが，その逆は，必ずしもそうではなく，"Payable-on-death account" という別の種類の預金口座となっている場合があります。これも，ジョイントアカウントと同じように，この口座を取り扱っている銀行で開設できます。

　Payable-on-death account の特徴は，仮に口座名義人が亡くなった際，その口座の預金残高について，支払いを受ける権利の取得者を，口座を取り扱っている金融機関で手続きするだけで，受益者として予め指定しておくことができるというものです。

　これだけでは遺言信託と同じだと思われるかもしれません。でも，Payable-on-death account で受益者を指定しておくことによって，その口座名義人が死亡した際，指定されている受益者が，金融機関で手続きするだけでその残高を簡単に取得することができるので，遺言の執行のように，高額な費用負担や煩雑な手続きはありません。

　また，受益者を指定するに当たっては，この口座名義人が，受益者

の承諾を得ることなく，一方的に指定することができ，口座開設後も，受益者を自由に変更できます。もちろん，Payable-on-death account もプロベイトを回避することができます。

　気を付けなければならない点は，口座名義人になっていない限り，いくら Payable-on-death account の受益者に指定されているからといって，口座名義人が存命の間，受益者はその口座に一切アクセスできないという点です。

　では，Payable-on-death account に対する課税関係を考えてみたいと思います。筆者が調べた限りでは，Payable-on-death account が，不服申立てなど課税関係の問題として表面化した事例は見当たりませんし，その取扱いを示した質疑応答事例などはないようです。

　筆者が実務で検討したのは，ハワイ州の金融機関で開設された Payable-on-death account について，課税関係を検討する上でその残高をどのように取り扱うべきか，という点でした。ポイントは，私法上の問題として，Payable-on-death account の残高について，相続性の有無，つまり遺産の一部を構成し，遺産分割協議の対象となるかどうかということです。

　これについては，Payable-on-death account では受益者の指定があり，その相続性が否定されていますので，Payable-on-death account の残高は遺産分割協議の対象として任意に処理できないと考えられます。

　その一方で，遺贈あるいは死因贈与契約とまではいいませんが，相続税法第1条の3第1項第1号の「贈与をした者の死亡により効力を生ずる贈与」と，相続税の課税対象と考えて，その受益者が取得したものとして，相続税の課税価格を計算するのが合理的なのではないかと思えます。

　しかしながら，先のジョイントテナンシーの生存者権に係る裁決を

鑑みると，Payable-on-death account の残高については，被相続人が亡くなったことによって，指定された受益者が払い戻す権利を得ることになり，それを相続税法第9条の「経済的利益」として，贈与税が課税されるのではないかという検討も必要になろうかと思います。

　この点，現地の取扱いでは，Payable-on-death account に付されているような，名義人が死亡した時の支払いにおいて，その受取人を予め指定した契約に基づく移転は，いわゆる遺言としての形式を満たしていないので，遺言によるものではないとされています。

　そして，Payable-on-death account の名義人の死亡によって，その口座にある残高の支払いを受ける権利が，指定された受益者に帰属するという効果については，独自の法形式によるもので，Payable-on-death account の名義人が，生前に，1人あるいは複数の受益者を指定できるとされています。

　そうであれば，Payable-on-death account の口座名義人が亡くなって，この口座の残高に対する払戻しを受ける権利が，指定された受益者に帰属することになった場合，その前提となる法律関係においては，相続性が否定され，かつ，遺言によるものではないとなると，相続税で課税を検討するなら，「贈与をした者の死亡により効力を生ずる贈与」の該当性を検討するしかないということになります。

　ここで気を付けたいのは，Payable-on-death account の受益者を指定するに当たって，この口座名義人が，受益者の承諾を得ることなく，一方的に指定することができるという点です。つまり，受益者に指定された人があずかり知らないところで，その手続きがされていることがあるのです。

　そういった状況下では，口座名義人と受益者の間で，もはや契約としての前提を欠いてしまうので，この場合は贈与といえないことにな

るでしょう。

　ところで，前の章において，ジョイントテナンシーの課税関係の説明で，質疑応答事例を紹介しました。

　その内容は，「生存者権」の効果について，他方の者の「権利が増加」したため，原則として，相続税法第9条により被相続人から贈与で取得したものとみなして贈与税の対象とする一方，同じく質疑応答事例の回答要旨のなお書きのとおり，生存者権が，実質的には各所有権者の間で，お互いに「自分が死んだら，生存合有不動産権者に不動産を無償で移転する」という死因贈与契約とみることもできるため，相続税の課税対象としても差し支えがないとされています。

　つまり，この質疑応答事例は，そのなお書きのとおり，ジョイントテナンシーの生存者権の効果を相続税の課税対象とした場合，その効果に対する各 Joint tenants の認識を前提として，死因贈与契約とみることもできると解したわけですが，Payable-on-death account についても，仮に，「口座名義人が死亡したら，指定された受益者が，口座残高に対する払戻しを受ける権利を取得すること」を，口座名義人とその指定された受益者が一致して認識していれば，死因贈与契約とみることができるのではないかということです。

　さらに付け加えると，Payable-on-death account でも，その口座残高の払戻しを受ける権利を取得することは，口座残高について「権利が増加」と同義に解し，経済的利益を得たとして，相続税法第9条によって贈与税の対象となるということです。

　このように，事実関係等を考慮して理論構成を組み立ててみると，結局のところ，Payable-on-death account についても，ジョイントテナンシーに関する質疑応答事例と同様の結論となるのではないかと思われます。

海外の預金口座について，筆者の実務経験を基に話しましたが，ここで取り上げた以外にも，それぞれの国や地域で様々な法的性質や取扱いのものがあるので，あらかじめ確認することにより，課税上の問題があるかどうか，是非とも検討していただきたいと思います。

CHAPTER 7

侮れない相続税の課税価格などの計算

相続税でも国際資産課税の案件では，その税額を計算する際に，計算方法として特に知っておかなければならないことがあります。

　この点について，実際の事例を考えたときに，対象になる相続関係が日本法を前提とする場合は，さほど困ることはないと思います。

　被相続人が日本国籍であれば，相続財産の取得者が外国籍であるとか，海外に居住するときでも，その相続関係には，原則として日本法が適用されることに変わりはありません。その場合は，財産の取得者について，相続税の納税義務者としての区分によって，その課税の対象となる取得財産が，全世界にある全ての財産となるのか，あるいは国内にある財産のみなのかということを検討しなければなりません。

　でも，そのようなことは，全て相続税法に規定されていますので，実務においては，被相続人や財産取得者の住所とか，相続財産の所在地が国内あるいは国外になるのか，といった事実認定を除いて，難しい判断に迫られるようなことはないと思います。また，相続税の計算自体においても，特段問題となるような事項はないでしょう。

　ここで取り上げたいことは，外国法が相続法として適用されるケース，例えば，被相続人が外国籍で，ずっと日本に居住する者の場合です。

　このような場合，私法上の相続関係については，「被相続人の本国法」として外国法が準拠法となるのですが（国によっては，国際私法上の「反致」のため，日本法が適用となるケースがあります。その場合は，ここでの問題は生じません），相続税法の規定に基づいて相続税を計算する上で，常に被相続人の本国法である外国法が適用されるわけではなく，相続税の計算の過程で，日本法と被相続人の本国法である外国法のどちらを前提とするのか，関係する相続税の条文ごとに，明確に整理しておかなければなりません。

では，相続税の計算の過程で問題となる部分を，具体的に見ていくことにしましょう。

1

遺産に係る基礎控除（相続税法第15条）と相続税の総額（相続税法第16条）

　まずは，相続税法第15条の「遺産に係る基礎控除」です。相続税の基礎控除の金額については，「3,000万円＋600万円×相続人の数」という算式で計算するので，その基礎控除額は相続人の数によって決まります。

　そこで，相続人の数の「相続人」を，日本法と被相続人の本国法である外国法のいずれで判断するかということです。

　この相続税法第15条の条文上，この相続人の数については，「民法第5編第2章（相続人）の規定による相続人の数」とされています。

　そうすると，被相続人が外国籍で，仮に，本国法である外国法に法定相続人に関する規定があっても，相続税の基礎控除については，日本法である「民法第5編第2章（相続人）の規定による相続人の数」に拠らなければなりませんので，相続関係図を作成するなど，その親族関係を整理して，日本の民法の規定に当てはめた上で，相続人の数をカウントする必要があります。

　ここで，ひとつ付け加えると，基礎控除の金額の計算では，被相続人に養子がいる場合，相続人の数に含めることができる養子の人数に制限があります。

　この養子の身分関係については，私法上の問題となりますが，法の適用に関する通則法第31条に，「縁組の当時における養親となるべき者の本国法による」とされていますので，養親である被相続人の本

国法，つまり外国法によることとなります。その上で，相続税法第15条所定の養子の人数で，相続人の数をカウントします。

　つまり，準拠法となる外国法によって，被相続人との養子関係の存否をまず判断します。その上で，相続税法第15条に基づいて，被相続人に実子がいる場合や，実子がいなくて養子が1人となる場合は，相続人の数にカウントする養子の数は1人となって，また，被相続人に実子がいなくて養子が2人以上となる場合は，相続人の数にカウントする養子の数は2人ということになります。

　そして，相続税法第16条の「相続税の総額」です。

　取得した財産の課税価格の合計額から，先ほどの基礎控除の金額を控除して残額がある場合，これを，いわゆる法定相続分で按分し，その各々の金額に対して，該当する税率を適用して計算した税額の合計が，相続税の総額となります。

　ここの法定相続分についても，「民法第5編第2章（相続人）の規定による相続人の数に応じた相続人」が，「民法900条（法定相続分）及び901条（代襲相続人の相続分）の規定による相続分に応じて取得したものとした場合」を前提として，その計算した税額の合計額とされていますので，先ほどの例で，相続人の数にカウントしたときの相続関係で，日本法である民法が規定する法定相続分を当てはめて，相続税の総額を計算するということになります。

　被相続人が外国籍の場合，私法上の相続関係が外国法に準拠することになっても，「相続税の基礎控除の金額」と「相続税の総額」の計算は日本法の相続関係によるので，何だか変な感じを持つかもしれませんが，相続税法の規定上このようになります。

生命保険契約の死亡保険金
（相続税法第12条第1項第5号）

　相続税法第12条第1項第5号にも「相続人」という文言があります。

　この条項は，被相続人が掛けていた生命保険契約の死亡保険金が，生命保険会社から受取人に対して支払いがあったとき，その一定の金額が非課税になるという規定です。ここでのポイントは2つあります。

　1つ目は，この非課税の適用を受けることができる保険金を取得した相続人の範囲，2つ目は，「保険金の非課税限度額」を計算する上で，その対象となる相続人の数のカウントの仕方です。

　まず1つ目の，その非課税の規定の対象となる相続人について，日本法と被相続人の本国法である外国法のいずれで判断するのかという点です。

　もともと，生命保険金は遺産ではないのですが，相続税では，「相続又は遺贈により取得したものとみなす場合」として課税の対象となっています。

　そして，「被相続人のすべての相続人が取得した」保険金が，非課税の規定の対象になるとされていて，相続税法第15条や第16条のように，特に日本の民法によるべきという定めがありません。

　そのため，ここでは，国際私法上の準拠法である被相続人の本国法，つまり外国法に基づいた相続人に該当する人が生命保険金を取得したのであれば，この非課税の規定を受けることができます。この場合は，被相続人の本国法である外国の法令をリサーチして，そこに定める相

続人の範囲を確認することが必要です。

　それから2つ目の，「保険金の非課税限度額」を計算する上で，必要な要素となる「相続人の数」についてです。

　この非課税の限度額の計算は「500万円×相続人の数」とされていますが，条文上，第15条第2項の規定による「相続人の数」とされていますので，日本の民法，「民法第5編第2章（相続人）の規定による相続人の数」によることになります。

　したがって，この場合は，被相続人の親族関係を整理して，日本法である民法の規定に基づいた相続人の数をカウントする必要があります。

　通してみると，具体的な控除額や非課税額の計算は日本法，適用関係や適用範囲の判定は外国法と整理すると分かりやすいかと思います。

3 未分割遺産に対する課税 （相続税法第 55 条）

　もうひとつ，重要な点があります。相続財産の取得者が決まっていない場合，いわゆる未分割の場合です。

　未分割の場合，その相続関係に日本法が適用されるときは，日本の民法にあるとおり，法定相続分によって相続税の課税価格を計算して，一旦相続税の申告をするという取扱いになっています。

　このように未分割の際，相続関係が外国法に準拠する場合は，日本法と外国法のいずれを前提として，相続税の課税価格を計算するのかということです。

　この未分割の場合の課税価格の計算方法を理解するために，さらに掘り下げて，この取扱いの趣旨から説明しましょう。

　未分割の遺産については，相続税法第 55 条にその取扱いの規定があり，「相続分の割合」に従って財産を取得したものとして，課税価格の計算をすることとされています。

　そして，この相続分の割合については，「共同相続人が，他の共同相続人に対して，その権利を主張することができる持分的な権利の割合」と解されています。

　そうすると，権利として主張するためには，私法上の関係で権利を有することが前提となっていなければならないので，準拠法となる外国法によって，その権利としての割合を判断することになります。したがって，この場合も，外国の法令をリサーチする必要が出てきます。

なお，国税庁の質疑応答事例に同旨の回答がありますが，上記の解釈を基にしていると考えられます。

　しかしながら，これだけの説明だけでは解決できないケースがあり，準拠法となる外国法が，相続分割主義を採用している国に対しては注意が必要です。

　相続分割主義とは，遺産のうち，不動産についてはその所在地法，動産については被相続人の本国法を適用するというものです。ちなみに，日本は相続統一主義を採用しています。

　この場合は，相続財産の所在地を整理し，各財産の所在地によって，権利を主張できる割合を検討した上，相続税の課税価格の計算に反映させる必要があり，少し面倒なことになります。

　以上のとおり，被相続人が外国籍の場合は，相続税の計算ひとつとっても，日本の民法と外国法のどちらを前提にするのか判断に迷う部分があるので，条文を再確認するなど，整理しておいた方がよいでしょう。

相談事例から

4

相続税の相談などで，時々みられるケースを付け加えておきます。

外国籍かつ外国に居住する被相続人に係る相続で，日本国籍かつ日本の居住者が，その遺産の一部あるいは遺産の清算金を受け取っている場合です。

外国で何らかの遺産整理や相続手続きがあり，現地の弁護士から，「遺言があるので，あなたは財産をもらう権利があります」と何の前ぶれもなく連絡があって，書類がエアメールで送られ，署名して返送，その後，指定した銀行口座に国外から送金がされるそうです。

また，現地国内で，他にも財産を受け取った現地国籍の人がいるようですが，詳細が全く分からないという状況です。

なぜそういったことが起こったのか経緯を聞くと，財産を受け取った人は，現地国で亡くなった人とは見ず知らずの関係ではなく，かつて，生活上のパートナーとして，いわゆる事実婚の状態で，現地で同居していた期間が長かったのですが，急遽，日本の実家の都合で帰国していたようです。そんな中で，そのパートナーだった人が，遺言を残して亡くなったということです。

こういった状況で，外国の相続又は遺贈によって，日本の居住者が財産を取得すれば，それは相続税の対象となりますが，その相続税の納税義務に係る判断や計算をどのようにすればよいか，筆者の在職時，部外あるいは部内の職員を含めて，質問が時々ありました。

この場合は，既に遺産が清算され，私法上の法律関係の結果が出ているので，もっぱら相続税法上の問題となります。

　相続税の申告においては，相続税の総額を計算する際，「同一の被相続人から相続又は遺贈により取得した全ての者に係る課税価格の合計額」から，基礎控除の金額を控除することになります。

　この「課税価格」とは，相続又は遺贈によって財産を取得した者において，その取得した財産の価額の合計額をいいますが，対象となる財産の価額については，①被相続人の国籍や居住形態，②財産取得者の国籍や居住形態，③その取得した財産の所在地によって，課税価格に含めたり含めなかったりします。要するに，取得した財産で相続税の対象となるものだけを課税価格に含めて，相続税を計算するということです。これについては，全て相続税法に規定されています。

　このケースでは，被相続人が外国籍で，日本に居住していない非居住被相続人のため，財産取得者が「居住無制限納税義務者」に該当すれば，国内外全ての財産が相続税の対象となり，そうではなく「非居住制限納税義務者」に該当すれば，日本国内の財産のみが相続税の対象となって，各々の財産の価額が課税価格に算入されることになります。

　そして，実際に遺産の一部を受け取った日本在住の人は，相続税の納税義務者のうち，居住無制限納税義務者に該当し，取得した国内外全ての財産が相続税の課税価格の計算の対象となるので，外国で発生した遺産整理や相続手続きの結果，その人が受け取った財産全ての金額が，自身の課税価格に算入されます。

　その一方で，現地国内で財産を受け取った現地在住の外国籍の人については，日本国内に住所がないので，非居住制限納税義務者に該当し，日本国内にある財産を取得した場合のみ，その財産の価額が課税

価格の対象となるので, 遺産のうちに日本国内の財産が含まれていなければ, 相続税の納税義務者とはなりません。

　結果として, このケースでは日本国内に遺産がなく, 日本在住の人が受け取った財産の金額のみが, 課税価格の合計額に算入されることになります。仮に, 他にも財産を受け取った日本在住の人がいれば, その金額も, 課税価格の合計額に含まれることになります。

　その上で, 基礎控除の金額を控除しますが, この金額をきちんと算定するのであれば, 現地国の被相続人の親族関係を確認して, 日本の民法の規定による相続人の数をカウントする必要があります。でも, この基礎控除の金額は, 最低3,000万円ありますので, 結果的に, 日本在住の人が受け取った遺産の課税価格の合計金額が, これ以下であれば相続税はかかりません。

　このように, 現地国の遺産整理や相続手続きの状況が全く分からなくても, 相続税の納税義務についてはある程度判断できますが, 受け取った遺産の金額が大きなものになると, やはり, その相続関係の詳細をリサーチしなければなりません。

　実際のところ, このようなケースの場合, 遺産を受け取った日本在住の人が, 現地国で遺産整理や相続手続きに当たった弁護士に対して, その事実関係を詳しく聞こうとしてもきちんと回答してもらえなかったり, 関係資料の送付をお願いしても, 高額な手数料を請求されたりして, スムーズにいかないことがあるようです。かといって, 課税庁側が, その証拠資料を職権によって収集することは, 国外の対象物に質問検査権を行使することができないため, ほぼ不可能というべきで, 現実問題として, こういったケースでは課税庁の一方的な課税処分はできないと考えます。

　でも, 受け取った遺産の金額があまりにも高額の場合, 基礎控除の

金額の計算に必要な相続人の数や，その他の事項に不確定要素を残したまま，課税庁が思い切って課税処分をすることも考えられますので，可能な限り，事実関係を解明する努力は必要かと思います。

　日本と外国をまたぐ渉外相続事案は，国内の事案に比べて，特に個別性が高くなります。単に相続税を計算する上でも，様々な検討事項があって，気を付けなければなりません。ぜひとも注意していただきたいと思います。

CHAPTER 8

海外資産がある相続税の申告における
イレギュラーな対応
──海外資産がある場合の相続税申告の問題点

1

よほどのことがない限り
申告期限は待ってくれない
——プロベイトと「正当な理由」

　少なからず海外資産を所有していると，その所在地国での私法上の手続きや納税手続きといったものが，日本での相続税の申告に思わぬ障害をもたらすことがあります。

　まずは，相続税の申告期限についての話です。

　ご存知かと思いますが，相続税の申告期限は，相続があったことを知った日の翌日から 10 か月以内です。

　英米法系の国では，亡くなった人の遺産を整理する際，「プロベイト」という手続きがあると既に伝えましたが，遺産がこの手続きに入り，長くて約 3 年を要してしまうことになると，プロベイトが終了するのを待っていては，日本での相続税の申告期限が過ぎてしまいます。

　ここで問題となるのは，相続税の申告が期限後となると，無申告加算税が賦課されてしまい，余計な税負担を強いられてしまうことです。

　しかし，プロベイトに掛かっている財産について，その最終的な帰属や金額が確定しない中，相続税の申告で，どうやって課税価格の計算をすればよいのか迷ってしまいます。このような状況下で，無申告加算税が賦課されないためにはどうすればよいのでしょうか。

　この点，税法上，期限後申告となっても，無申告加算税が賦課されない例外がありますが，それは「正当な理由」がある場合に限られます（国税通則法第 66 条第 1 項但書）。

　そもそも加算税の制度は，申告納税制度の維持，つまり，納税者に

よる自主的かつ適正な申告を維持実現するために設けられています。

　しかしながら，納税者が適正な申告をしようとしてもそれができなかった場合など，適正な申告をしなかったとしても，申告納税制度が害されるおそれがないときまで，加算税という制裁を課するべきではありません。それで，納税者に無申告加算税を課すことが，不当あるいは酷な事情がある場合については，「正当な理由」があるものとして加算税を課さないとしているのです。

　ただし，納税者の法の不知や課税範囲などの誤った理解については，単なる主観的な事情として「正当な理由」には当たりません。少し乱暴な言い方をすると，申告期限内に申告ができなかったことについて，「自分のせいでもなく，こんな状況下でどうやっても期限内申告は無理だよね」という客観的な事実があるかどうかが，「正当な理由」の有無の判断を左右することになります。

　そこで，プロベイトに掛かっている財産がある場合，その手続きによって，対象財産の価額や財産の取得者が明確化あるいは決定されることになりますが，このプロベイトの終了を待つことが，「正当な理由」となるかどうかが問題となります。

　まず知っておかなければならないのは，相続税の申告において，遺産あるいは相続財産を調査して把握する努力義務があるのは，まずもって，納税義務者となる相続人や受遺者だということです。

　そして，把握した遺産について，相続税の課税価格を計算する上で，基礎控除額を超える場合には，相続税の申告義務が発生することになります。

　それはそうと，遺産あるいは相続財産が全て明らかになっていないと，過不足のない，正しい相続税の申告ができないと考えるかもしれません。

その考えは，全くもってそのとおりですが，遺産あるいは相続財産の全容が分かっていないと，相続税の申告をしなくてもよいことにはなりません。なぜかというと，相続税の条文にそのような規定がなく，さらには申告後に，相続税額が不足していたり過大になったりした場合でも，修正申告や更正の請求をすることができるので，少なくとも，基礎控除額を超えている額の遺産あるいは相続財産が明らかになっている限り，その範囲で相続税の申告をする必要があります。なお，後に自主的にする修正申告については，過少申告加算税が課されません。

　それから，遺産あるいは相続財産の取得者の問題ですが，相続税の申告では，その全部又は一部が未分割の場合，各相続人が相続分に従って取得したものとして，課税価格を計算することになっており，申告期限が延長されるといった措置はされません。その後，取得者が決まってから課税価格を計算し直して，更正の請求あるいは修正申告をすることになります。

　このようなことを踏まえると，遺産を把握するためにできる限り手を尽くしたけれども，それでも分からなかった場合に初めて，その講じてきた具体的な手段を含めたところで，「正当な理由」に当たるかどうか判断することになります。

　さて，遺産あるいは相続財産がプロベイトに掛かっているという事情については，「正当な理由」に対して，どのように評価されるべきでしょうか。

　この点，遺産がプロベイトに掛かっているのであれば，その対象となっている財産が，銀行預金あるいは不動産なのか，プロベイトに掛かる時点あるいはその期中で既に判明しているはずなので，当事者は遺産の種類や内容を少なからず把握していることと思います。

　その上で，各財産の金額を確認したり，評価額を算定したりする必

要があれば，差し当たって，銀行預金の残高を拾ったり，評価額に該当するものをリサーチしたり，プロベイトの結果を待つのではなく，財産を把握した段階で，最も合理的だと考えられる評価方法を検討することで，期限後申告とならないように手を尽くさなければなりません。また，期限後申告とならないように，とり得る手段があったということになれば，期限後申告となったことに対して，「正当な理由」があるとはいえないでしょう。

そうすると，プロベイトの終了が，相続税の申告期限に間に合いそうにない状況下においては，プロベイトの対象財産について，遺言（Will）があればそれに従い，なければ未分割財産として取り扱って，先に示した相続税法第55条に規定されているとおり，相続分を前提とするなど，少なくとも無申告の状態は避けるべきでしょう。

プロベイトのような外国特有の手続きを経ることになっても，まずもって期限内申告に努めなければなりません。そのためには，外国特有の手続きの内容に踏み込むことが必要です。

2 プロベイトの費用と債務控除

——規定がない以上どうにもならない

　プロベイトが長期化すると，費用が高額になることがあります。

　プロベイトには，裁判費用，官報紙面の掲載費用や弁護士費用等が発生します。特に弁護士費用については，米国であれば州ごとに，その報酬額として遺産総額に対する割合が示されていますが，それはプロベイトに係る中心的な業務に限られており，付随的に発生する中心的な業務を超えるサポートはタイムチャージとされることが多いので，長期化によって高額化する傾向があります。加えて，プロベイトの過程で税務申告が必要になると，会計士などに対する費用も発生します。

　そして，プロベイトの対象財産が分配に至る前に，そのような費用が清算されることになるので，遺産総額に対して，実際に分配された金額が異常に少ない印象を受けるときがあるのです。

　さて，そのような決して安くはない費用は，相続税の申告に反映させることができるのでしょうか。

　この点については，以前から，海外資産が関わる相続税の実務で問題となっているところ，相続税の計算上，検討する余地があるのは相続税法第13条の「債務控除」の規定です。

　無制限納税義務者を前提とした場合，相続税の課税価格に算入する価額は，相続又は遺贈によって取得した財産の価額から，「被相続人の債務で相続開始の際現に存するもの（公租公課を含む）」及び「被相続人に係る葬儀費用」とされています。

つまり，控除の対象となるのは，本来被相続人が負担すべき債務，いわゆる相続債務で，かつ相続開始時点で存在するものに限られており，プロベイトの費用がこれに該当するかどうかということです。

　確かに，税負担は担税力に基づいて配分されるべきであることが，憲法の平等原則による要請です。しかしながら，相続税法は，相続財産を積極財産と消極財産に区別して，積極財産から消極財産を控除，いうなればネットバリューに対して課税する方式を採用し，加えて，「相続開始の際現に存するもの」と絞りをかけています。

　そうすると，プロベイトの費用は，明らかに「被相続人の債務」及び「相続開始の際現に存在するもの」ではありません。そのため，プロベイトの費用がどれだけ高額となっても，相続税の計算には一切反映されることはなく，国際資産課税の実務では一貫して否認されてきましたし，国内一般の相続税において，遺言執行等の費用が債務控除の対象とならない点と比較しても，その結論が否定されることはないと考えられます。なお，平成30年2月1日付けの国税不服審判所における裁決も，同様の判断をしています。

　ただ，プロベイトをめぐる相続税の課税価格の計算については，もっと広い視野で捉える必要があり，筆者としては争う余地があると考えています。

3

日本と異なる課税制度を持つ国が関わる場合の気を付けたい税務申告や手続き

　プロベイトの他にも気を付けたい事例があります。資産所在地の国の相続税が，日本と異なった手順などで課されている場合です。

　主に，資産所在地国の相続税が賦課課税の方式で課されているときなどで，その事例として，台湾（中華民国。ここでは「台湾」ということにします）の相続税（現地では「遺産税」といいます）にまつわる話をしましょう。

　台湾に財産を所有する日本の居住者が亡くなった際，台湾に所在する財産が一定額，台湾の遺産税上のいわゆる基礎控除の金額を超えるときは，台湾でも遺産税の申告が必要となります。

　台湾では，被相続人が亡くなってから6か月以内（申請によって3か月の延長が認められています）に，税務当局に遺産税申告書を提出します。

　この遺産税申告書に，遺産の明細のようなもの，日本の相続税の申告書の第11表を思い浮かべると分かりやすいと思いますが，台湾の遺産税申告書にも同様の記載項目がありますので，そこに，不動産であれば，物件所在地，面積や評価額を，銀行預金であれば残高を記載して，とりあえず申告します。遺産税申告書の内容は，日本の相続税の申告書に比べてさほど難しくありません。なお，土地については，「公告土地現値」といって，日本と同じように，台湾でも財産評価基準のようなものがあります。その財産評価基準はインターネット上で

も閲覧が可能となっていますので，この金額を基に評価額を計算することになります。

　ここで，「とりあえず申告」としたのは，遺産税申告書を提出した後，提出を受けた税務当局が，遺産の内容や評価額などを精査及び調査し，遺産税額を計算した上で，その納税額を記載した決定通知を送付してきます。要はその金額で遺産税の納税をしなさいということです。また，その決定通知は，遺産税の申告から2か月以内にすることとされていますので，遺産税が確定するのは，被相続人の亡くなった日から，最長で11か月を要することになります。

　被相続人が日本居住であれば，日本の相続税の申告では，台湾に所在する財産も対象となりますが，台湾の遺産税に関わる一連の処理を待つ間，台湾の会計士との連絡がうまくいかず，余計な時間がかかってしまうことがあります。特に困ることは，日本の相続税の申告期限が迫る中，台湾税務当局が決定した遺産税の納付書の控えを入手して，とりあえず納税額は判明したものの，その基になった遺産税の計算書が未入手で，台湾の各財産の金額などの詳細が判明していないなど，相続税の申告に必要な情報が揃っていないことがあります。このイレギュラーな状況下でも対応しなければなりません。

　プロベイトのところで似たようなことを説明しましたが，この場合も同様に，台湾税務当局による調査後の各財産の詳細が判明しないまま，当初の遺産税申告書の内容をそのまま日本の相続税の申告に反映させるか，それとも日本国内に所在する把握済みの遺産の範囲で一旦申告期限内に申告しておいて，後に，台湾税務当局による遺産税の計算書を入手したときに，その財産の詳細をもって，修正申告などをする方法が考えられます。

　このような手段を採るとき，申告期限内に申告した後，自主的に修

正申告をした場合には，加算税が課されないことは先ほど説明しましたが，実務ではこれ以外に，申告期限から経過した分の延滞税の問題があります。

　当初申告に対して，遺産の全部又は一部が未分割であったことに起因する修正申告であれば，延滞税が免除されるのですが，そうではなく，単に遺産総額が増加したことによる修正申告で発生した税額については，申告期限から経過した分の延滞税は免除とはなりません。

　そのため，自主的にする修正申告であっても，延滞税の負担を考えると，その修正申告による税額をできるだけ少なく抑える必要があります。要は，当初申告と修正申告による税額の合計額の誤差を，可能な限り小さくしておきたいということです。

　そこで，当初の遺産税申告書を把握しているならまだしも，差し当たって遺産税の納税額のみが判明している場合，その金額から，台湾の遺産税の計算方法を逆算することで，財産の金額を仮計算して，財産の種類や数量の詳細はさて置き，ひとまず「在台湾資産」として，台湾に所在する財産を一括りに申告しておくという方法が考えられます。

　そうすれば，後に台湾に所在する財産の内容が判明しても，おそらく理論的には，それら財産の価額合計について，仮計算したものと誤差がほぼ発生しないのではないかと思います。場合によっては修正申告の必要がなくなるかもしれません。

　しかしながら，当初の申告でこういった手段を採ったら，爾後においては，必ず遺産税の計算書を入手して，その内容を確認することを忘れないようにしてほしいと思います。

　確かに，きちんと逆算することによって計算していれば，理論的には財産の合計額が一致あるいは近似することになって，一見すると，

このままでも大丈夫かのように思えます。

　でも，実務においては，そのまま放っておくと，思わぬ落とし穴が待ち受けていることがあります。この点に触れておきましょう。

　台湾の土地政策，特に都市計画上のことですが，公共用地として使用されていたり，収用予定地として指定されていたりする土地は，遺産税が免除されていることがあります。つまり，このような土地が遺産に含まれているとき，台湾の遺産税で非課税の取扱いとされているために，その遺産税額の計算の基礎に反映されていないことがあるのです。

　ここでのポイントは，その土地が何らかの権利関係によって，評価上の減額要素に基づいて非課税とされているのか，あるいは，土地としての評価額は存在するも，政策上の理由で非課税とされているのか検討しなければなりません。

　相続税での財産の評価は時価とされているので，前者の場合であれば，まだ理由を検討する余地がありますが，後者のように，政策上の理由で単に非課税とされているのであれば，日本の相続税の申告では，財産評価上の時価を前提として，その評価額を計上する必要が出てきます。

　このようなことがあると，台湾での遺産税の申告で，先の土地について，その評価額を計上して申告しても，台湾の税務当局が非課税のものとして計算し直した上で，遺産税額の決定をするので，その決定税額だけを見ていると全く気付くことはできません。ましてや，その確認を怠って，実地調査の段階で初めてその事実が判明したとなると，修正申告による税額と併せて，過少申告加算税をさらに負担することになります。そうなると，せっかく当初の申告で，余計な税負担を避けるために手段を講じても，これでは全て無駄になってしまいます。

このような事例では，爾後のフォローを怠ると，海外資産の内容の確認を目的として，相続税調査の対象として選定されることになるし，相続税調査では，必ず現地国の遺産税申告書などの納税申告書を確認するので，ぜひとも気に留めておいてほしいと思います。

　今回は台湾の事例でしたが，他の国でも同様のことがあり得るので注意が必要です。

　いかがでしょうか。遺産の中に海外資産がある場合，現地国での様々な事情や手続きが関係するので，日本での相続税の申告期限を意識すると，いろいろな課税上のリスクを想定しなければなりません。

　また，海外資産の所在地国で，相続税などの税務申告がされている場合は，必ずその申告書類を確認してください。

　税務申告は一般的に，一連のルーティンとして捉えられる傾向があります。

　これに対して，相続税の申告は，相続の当事者に様々な事情があったり，相続財産の内容が多様であったり，案件によって，個別的な要素が色濃く表れるといえるのではないかと思います。

　ましてや，相続としてのひとつの案件であるにもかかわらず，資産の所在が複数国にまたがっているために，それぞれの資産の所在地で，日本とは異なった様々な手続きのタイムスケジュールがあり，これら全ての手続きが完結するまで，その進行やリスクをきちんと管理する必要があるという点も，国際資産課税の特徴ではないかと思います。

　筆者も，今振り返ると，在職中のときに携わった国際資産課税の実務を通して，その個別性がゆえに，「事案は生き物」と痛感したことが思い出されます。

CHAPTER 9

海外資産の譲渡所得の申告で気を付けたいこと

1

海外資産でも所得区分や計算過程は同じ

　これまで，相続税と贈与税のことを話しましたが，国際資産課税の分野では，これらの他にも，海外資産を売却した場合の譲渡所得の申告があります。

　譲渡所得といっても，総合課税の対象となる金地金などの売却の譲渡所得や，分離課税の対象となる株式などの売却による譲渡所得，同じく土地等や建物の不動産の売却による譲渡所得がありますが，今回は，海外の不動産の売却による譲渡所得について触れてみたいと思います。

　譲渡所得については，相続税と違って計算方法がシンプルであり，問題点や気を付けたいことが比較的明確ですが，実務では，事案ごとに個別的に悩ましい要素が出てきます。ここでは，筆者の実務での経験や事例を挙げながら，考えたことや検討したことなどを話します。

　譲渡所得は，売却による収入金額（譲渡収入金額）から，必要経費として，以前にその売却した物件を購入した金額（取得費）と売却時の費用（譲渡費用）を差し引いて，さらに該当する特別控除があればそれを適用して，譲渡所得金額が算出されることになります。実務では，それぞれの項目に当てはまる金額を，売買契約書や領収書などの基礎資料から拾っていく作業になります。

　そこで，海外資産を譲渡した場合の譲渡所得について，「譲渡収入金額」，「取得費」，「譲渡費用」，それから「特別控除などの特例関係」

といった項目に分けて，説明したいと思います。

2

譲渡収入金額について

　まずは「譲渡収入金額」です。所得税法上の用語できちんというと，譲渡による「収入金額」です。

　この項目については，さほど問題はないかと思います。要は売却して受け取った金額のことです。

　さすがにこれだけでは少し物足りないかと思いますので，この譲渡による「収入金額」にまつわる事例を話しましょう。

　譲渡者は，ブラジル国籍の日本居住者です。本国で相続があって，現地の兄弟とともに，共同相続した本国の農地を売却しました。

　その経緯は，相続した農地の区域で大規模な土地開発があるとのことで，農地を買い取った開発業者が，そこに豪華なマンションを建設して分譲するとのことでした。

　ただ，困ったことに，その日本居住者の譲渡者は，自身の取り分の売却代金を受領したきりで，兄弟から取引の詳細を聞いていないため，この受け取った金額をそのまま譲渡所得金額として申告していました。

　いくらなんでも，これではどうなのかということで，取引の実態を確認することになりました。

　とりあえず，本国から売却に関する資料を取り寄せてもらって，内容を検討してみることにしました。すると，売買契約書に何やら気になる記載がありました。

　もちろん，全ての書類はポルトガル語で書かれています。売買契約

書も，ポルトガル語で 10 ページほどあったと思います。

　金額や物件所在地，取引当事者の名前や名称といった，関係ありそうな部分をざっと見て，後の方に目をやると建設予定のマンション名がありました。「なるほど，マンション開発があることは間違いなさそうだ」と思ったのですが，なぜかそこには，ユニット（居室部分）の番号らしきものが併せて書かれていたのです。

　そこで，譲渡者に，その部分に何が書かれているのか聞いたのですが，「知りたければそちらで読んでください」との回答でした。

　調査担当者としては，このような対応をされるとやはり気分は良くないのですが，実のところ，こういった類のことは多々あります。以前にあった実地調査で，そのときの調査対象者から，「調査には協力しますが，少なからず，追加して課税される場合があるところに，自分から課税されにいくような感じがするのと，調査官を試してやろうという気持ちが相まって，突き放すような対応をする心理が働いてしまう」と聞いたことがあります。「本心ではなかったのですが」付け加えていましたが，そう言うのも何となく分かるような気がします。

　さて，今回の場合は，ポルトガル語の辞書を買って，全訳にチャレンジすることにしました。すると，その売買では，譲渡代金として現金で受領した分と，各共有者の兄弟それぞれに，完成後のマンションの指定されたユニットが，3戸ずつ無償で分け与えられるという内容になっていました。

　ここで問題が発生します。所得税法にいう「収入金額」とは，「金銭以外の物又は権利その他経済的な利益の価額」が含まれるとされているので，代金のほかに受け取ることになるユニットも，譲渡による収入金額として，算入しなければならないということになります。要するに，「売却代金として，お金の代わりにモノでもらった」という

ことです。

　それらのユニットについては，マンションの完成後に受け取るのですが，そのとき既に建設工事が開始されているという話でしたので，売買の目的となっている農地の引渡し自体は完了しているといえます。しかし念のため，インターネットの地図サイトで，現地の状況を航空写真モードで確認してみると，確かに建設中の大規模なマンションらしきものがありました。インターネットが普及して，今では海外の不動産であっても，こういった方法で現地確認ができてしまいます。

　このことはさて置くとして，さらに困ったのが，それらのユニットの金額をどう判断するかです。事実関係が分かったとしても，金額で示すことができなければ課税はできません。譲渡者から，関係資料の提示以外については，相変わらず協力してもらえないようです。

　そこで，そのマンションの何らかの情報がないか，インターネットで探してみると，そのマンションの紹介をしている動画を発見しました。プールやトレーニングジムなどの充実した設備，モデルルームの様子が映されて，そのまま見ていると，ユニットの仕様別に，「○○レアルからご提供」といった案内がされていました。ということは，これが販売価格だとしたら，この金額を時価として，「収入金額」の認定ができるのではないかと考えました。いざとなったら，譲渡者にこの動画を見せようと思い，録画して再度臨みました。

　譲渡者は，この動画を見てかなり驚いたようで，やっと事実関係の全てを話してもらえました。これで，この案件が終結に向かうことになったのです。

　譲渡者によると，ブラジル本国の課税関係では，今回のような一定の開発事業による譲渡が非課税という取扱いがされているので，本国の兄弟には一切課税されていないとのことです。それにもかかわらず，

自身が居住する日本では，課税の対象となるということに納得がいかず，思わず突き放すような態度をとってしまったということです。しかも，受け取ることになっていたユニットも課税の対象となるということで，さらに驚いたそうです。

　譲渡者には税理士が関与していたのですが，当初申告の段階ではヒアリングのみ行って，譲渡所得については受け取った金額で，とりあえず確定申告をしたということです。

　今回は，当初の確定申告の段階で譲渡所得も申告していたので，まったくの無申告という状況ではなかったものの，考えも及ばなかった，受け取る予定のユニットも課税対象となるということで，実地調査で申告漏れが発覚したため，過少申告加算税と延滞税がかかることになります。結果として，「不意打ち」課税のような形になってしまったのです。

　発展途上国などで，開発業者に資金力が十分でない場合，売買代金の代わりに他の資産を引き渡すという取引がされることがあるようです。

　やはり，取引の実態をしっかり確認することが，不意打ち課税などの不利益を回避する最良の方法であると思います。

3

取得費における「取得価額」について

　次に「取得費」です。所得税法では，取得費は「その資産の取得に要した金額並びに設備費及び改良費の額の合計額」とされています。要は，資産を購入した金額などのことです。

　実務では，これに関連する資料をチェックすれば済むわけですが，これを怠ってしまった事例を話しましょう。

　不動産の所在地は米国です。売却した物件は，もともと1980年代の中ごろに，今回の譲渡者の父親が約25万ドルで購入しました。その後，父親が亡くなって，今回の譲渡者がその不動産を取得しました。取得後，その不動産を所有していましたが，資産整理のために売却することとし，その売却した金額は，なんと55万ドルでした。

　米国で不動産などを売却したときは，売却した翌年の4月15日までに，そのキャピタルゲイン，譲渡所得の申告をしなければなりません。

　なお，米国非居住者が米国内の不動産を売却した際は，売却価額に対して，連邦税と州税がある一定の税率（連邦税は15％ですが，税制改正に注意してください。州税は，州によって税率が異なります）で，この譲渡に係る税金として源泉徴収されますが，売却した翌年の4月15日までに，そのキャピタルゲインを申告して，源泉徴収された税額と合わせて精算することになります。

　ただし，譲渡損失になる場合や，譲渡所得金額に対する税額が，源

泉徴収税額を下回ることになる場合は，米国税務当局に申請書を提出することによって，当局から許可を得て，源泉徴収を避けるといった方法もあります。

さて，今回の事例では，譲渡者が日本でも譲渡所得の申告をしているところ，その取得費の計算で，本来であれば父親が購入した金額を基にすべきところを，米国の納税申告書のみを根拠に，そこに記載されている必要経費の金額をそのまま引用して，譲渡所得金額を計算してしまったのです。

これだけを聞くと，「どこがいけないのか」と考えるかもしれませんが，ここに落とし穴があります。

日本では，相続又は遺贈，贈与で取得した土地及び建物等を売却した場合は，譲渡所得金額の計算において，前所有者の取得価額を引き継ぐことになります。

その一方で，米国では，プロベイトなどによって取得した不動産を売却した場合，キャピタルゲイン，譲渡益を計算するときに，その取得した時点の時価で，取得費を計算することがあります。これを"Stepped-up basis"といいます。

そうすると，Stepped-up basis を適用した米国の申告上の金額を，日本の譲渡所得金額の計算にそのまま当てはめると，前の所有者が実際に購入した金額から値上がりしているような状況下では，Stepped-up basis によって取得費が過大に計上されて，間違って申告してしまうことがあります。

今回の事例をさらに詳しく見ると，米国の申告では，父親が亡くなって，その不動産を取得したときの価額を約50万ドルとして，譲渡益が計算されていました。

しかしながら，日本の譲渡所得の申告においては，正しくは父親が

購入した約 25 万ドルを基に取得費を計算すべきところを，この約 50 万ドルを取得費として過大に計上してしまったので，為替損益や減価償却費を考慮する必要がありますが，およそ，その差額の相当額について，譲渡所得金額を修正申告することになったというわけです。

　この事例も，基礎資料を確認しなかったために起こった誤りだといえます。

　また，この事例のような誤りが起こる背景を考えてみると，どうやら，所得金額や所得概念について，日本も外国も同じだろうという思い込みがあるようです。繰り返しとなりますが，課税上の問題は，各国の政策における専権・決定事項ですので，全て同じ取扱いになるとはいえません。むしろ違うという考えでいた方がよいかもしれません。この Stepped-up basis のような制度を採用している他の国や，取得費に指数計算を反映させるなど，一定の評価額的な要素を含めている国もあるので，外国の納税申告書などを検討する際には注意が必要です。

4

取得費における
「減価償却費」の計算について
――日本と海外の不動産の価値に対する
　概念の相違

　取得費の項目の中で，「減価償却費」の計算にも触れておきましょう。

　実務上，海外不動産の減価償却費の計算で悩んでしまうのは，①土地と建物が一体となったコンドミニアムのような不動産を購入した場合，その取得価額の土地部分と建物部分の按分方法，②建物部分について，減価償却費の計算で採用する償却率，つまり耐用年数をどう考えたらよいかという点です。

　まず①の，取得価額について，土地部分と建物部分の按分方法です。

　これについては，割り切って考えるしかないのですが，外国では，不動産に対する価値の考え方が，明らかに日本と異なっています。

　日本では，建物は耐久消費財として，原則として価値が上昇するとは考えていないので，時の経過とともにその価値が減耗します。おそらく，建物の固定資産税の評価額を継続的にチェックしてみても，目に見えて評価額が減少していくのが分かると思います。

　でも，米国ではそうなるとは限りません。ハワイのコンドミニアムを例にとってみると，日本の固定資産税の評価額と同じように，ハワイ州でも "Fair Market Value" という価額があります。さらに，この Fair Market Value を詳しくみると，"Assessed Land Value" と "Assessed Building Value" とあって，後者の Assessed Building Value が建物部分に当たる価額ですが，これを過去からの推移をトレースすると，年々

上昇するといった，日本の感覚では信じられない傾向が見られることがあります。

　日本での不動産の概念が頭から離れないと，仮に，ハワイで築40年のコンドミニアムを購入したとき，日本での耐用年数を考慮して，購入時点で建物部分の残存価値がほぼゼロに近いと思い込み，購入価額の大半が土地に対するものとして考えてしまうかもしれません。

　確かに，日本の所得税法などには，海外不動産の減価償却費の計算方法について，別に定めた取扱いがありませんが，この考え方に立ってしまうと，現地での評価額と著しくかけ離れることになり，現に，建物部分に当たるユニットを使用するにもかかわらず，その価値がほぼゼロと考えるのは現実的ではありません。

　また，こういったコンドミニアムをセカンドハウスとして使用する人が，この考えに基づいてしまうと，将来そのコンドミニアムを売却したときの譲渡所得金額の計算において，もともと取得した時点で，建物部分の耐用年数をほとんど経過しているので，建物部分の価値がほぼないものとして，減価償却費の計算がされることなく，取得費を計上することになります。その結果，過去に購入した金額の大半が土地部分に対するものとして，ほぼそのままの金額が取得費に計上されるので，購入から売却時までの減価償却費を控除していない分，譲渡所得金額を少なく抑えることになります。

　「これはこれでいい」とするのも，取得価額の土地部分と建物部分の按分方法に対するひとつの考え方ではありますが，実態を鑑みると，その考えが合理的だということはできないと思います。筆者の実務での経験で，この按分方法が争点となった案件はありませんが，筆者自身，その考え方については，否認されるリスクが高いと考えています。やはり，購入した時点での Fair Market Value など，何らかの指標とな

るものを参酌するのが合理的でしょう。

　では②の採用すべき償却率，耐用年数についてです。

　このトピックスについては，譲渡所得の話から少し離れてしまいますが，何といっても，かつて富裕層を中心として流行した海外不動産による節税スキームに触れておくべきでしょう。海外資産を絡めると課税上どういった問題が起きるのか，知っておいてもよいかと思います。

　なお，この点については，海外不動産を貸し付けて，不動産収入を得ている場合に問題となります。

　ハワイのコンドミニアムに代表されるような不動産は，"Fair Market Value" の土地部分と建物部分の割合を見ると，築約40年のような長期間を経過した物件でも，全体の評価額のうち，その大半を建物部分が占めていることが多くみられます。物件によっては，全体の9割近くを建物部分が占めているものがあります。

　仮に，そのコンドミニアムを住宅用で貸し付けて，不動産収入を得た場合，不動産所得の計算では減価償却費を経費として計上することになります。それで，減価償却費の計算上，どのようなことが起こるか説明します。

　例えば，そのコンドミニアムが鉄筋コンクリート造りだとすると，耐用年数が47年ですので，償却率は0.022となります。これを，コンドミニアムを購入した金額のうち，建物部分の割合に対する金額を基に減価償却費を計算するのですが，仮に購入総額1億2,000万円だとして，そのうち建物部分の金額が1億円だとすると，減価償却費は，定額法で，1億円に0.022を掛けて220万円になります。この金額が，所得税の確定申告で，不動産収入の経費とされます。

　これは新築物件の場合で，購入するのが中古物件となると，これと

異なった計算をします。

　中古物件は，その耐用年数に対して，新築から何年経過した時点で購入しているかによって，減価償却費の計算で採用すべき耐用年数の計算方法が異なります。

　例えば，鉄筋コンクリート造りで耐用年数47年のところを，築20年で購入したとすると，その適用される耐用年数については，「47－20×0.8＝31」と計算して，31年となります。

　つまり，経過年数に八掛けした年数を，本来の耐用年数から差し引いた年数が，このケースで適用される耐用年数となるということです。それで，耐用年数31年ですと，その償却率は0.033となります。これを，先ほどと同じように，購入金額のうち，建物部分の金額が1億円だとした場合，1億円に0.033を掛けて，減価償却費が330万円となります。新築の場合と比べると，わずかですが，減価償却費が多く計上されることになります。

　さらに進めましょう。中古物件でも，耐用年数を全て経過している場合です。

　この場合は，新築の耐用年数の20％が，その物件に対する耐用年数とされるので，仮に，耐用年数を全て経過した鉄筋コンクリート造りの物件を購入した場合，47年の20％で，9年（端数は切り捨てとなります）がその適用される耐用年数となります。そうすると，その耐用年数の償却率は0.112となるので，先ほどと同じケースを考えると，1億円に0.112を掛けて，1,120万円が減価償却費となり，かなり大きな金額が経費として計上されることになります。

　では，これらの減価償却費の計算が，どのように節税スキームとして利用されるかというと，その主目的は，不動産所得で多額の損失を計上することにあります。

例えば，数千万円もしくはそれ以上の高額な役員報酬といった給与所得など，雑所得を除く総合課税の所得があると，不動産所得で多額の損失を計上することによって，これと通算することができます。

　その場合，不動産所得の損失分が給与所得などの所得から差し引かれることによって，給与所得で源泉徴収されている税額から還付される部分が発生したり，あるいは本来納付すべき税額が減少したりすることになります。その差し引く不動産所得の損失の金額が，大きければ大きいほど効果があります。

　仮に，5,000万円の給与所得や事業所得がある場合，本来ならこれに対して45％の税率で課税されますが，不動産所得で1,000万円の損失額を計上すると，これらを通算することによって，減少した1,000万円の所得に対応する税額が，実際に節税効果として得られることになるのです。雑所得を除く総合課税の所得金額が大きい方ほど，その効果も大きくなるということです。

　さらに指摘すると，減価償却費とは，本当に発生した損失ではなく会計処理上のもので，その資産の所有者として，現実に資金的なダメージがあるわけではありません。

　ここで，ハワイのコンドミニアムを例にとってみましょう。

　ハワイのコンドミニアムは古いもので1960年代に建築されたものがあり，現在でも高額で売買されています。しかも，先ほど説明したとおり，現地では古い物件でも，建物に高い割合で評価額がつけられている傾向があります。

　これらのことを考えると，貸付けの用に供することによって，購入資金の大半が減価償却費の計算の対象となり，加えて高率な償却率が適用されます。そうすると，所得金額の計算上，短期的に高額の損失を計上できることになるので，税負担の面でこれほどオイシイことは

ないのです。

　また，物件を売り抜けることもきちんと考えています。

　所有期間が，売却した年の1月1日現在で，5年以上となる不動産を売却すると，その譲渡益には，分離課税の譲渡所得として，譲渡所得金額の15％の税率で課税されます（地方税は別途5％）。

　そこで，5年以上しっかりと不動産所得で損失を出して，各年，最高45％といった高税率の節税効果を受けておき，売却時には，所有していた期間の減価償却費で減らしてしまった取得費ですが，譲渡所得が15％の税率で課税されるので，トータルの税負担を考えた場合，所有期間中に享受する節税効果が，譲渡所得による税負担を上回る結果となるようにスキームを組成するのです。もっと大胆なことを考えるなら，売却時期を狙って，居住形態を変えてしまう，つまり，国外所得に課税されない国に住所を移すなど，日本の非居住者となって，譲渡所得の課税も免れるということもあり得ます。

　この一連の行為については，損失を発生させるために貸付けをすることから，経済合理性に欠ける行為だという指摘がありますが，税法の規定に基づいた処理をしている以上，その理由だけでは，この節税スキームを否認することはできません。

　しかしながら，このような海外資産を利用した節税スキームが富裕層を中心に横行し，会計検査院が，平成27年度決算検査報告上で，こういった節税スキームに対して，財務省において公平性を高めるように検討をすべきだとする所見を示しました。

　その一方，課税実務においては，この節税スキームを何としても否認するために，ハワイのコンドミニアムを例にとって話すと，ハワイ，とりわけホノルルのリゾートエリアのコンドミニアムによく見られる貸付けの方式である「バケーションレンタル」，通称「バケレン」と

いうものに着目します。これは，その名のとおり，余暇を過ごす不特定多数の借り手を対象に，短期間（各コンドミニアムで最短貸付期間が指定されていることがあります）で繰り返し貸し付けて運用する方法で，その運用益，つまり収入は，エージェントが介在して年間定額とするケースであったり，借り手がついた実績によって変動することがあったりします。

　この方式による場合，その対象となっているコンドミニアムは，「ホテルコンド」とも呼ばれ，実際の物件の状況として，エントランスに受付カウンターがあり，ベッドメイキングや清掃サービスなどの人的役務が恒常的に伴っていて，事実上ホテルの体裁で運営されています。

　これがどういった問題となるのかというと，通常，不動産所得は賃貸借による賃借人からの賃料収入を前提としていますが，「ホテルコンド」のような形態となってしまうと，いわゆる小規模な「貸ホテル業」として，雑所得の区分とする余地があるのです。

　そうすると，いくら雑所得内で赤字を計上しても，他の所得と通算ができなくなり，節税スキームとしての効果が得られなくなってしまいます。

　このように課税実務では，その節税スキームを所得区分に対する事実上の問題として捉え，苦しいながらも課税を試みていたことがありますが，ハワイのコンドミニアム事情に詳しい調査担当者は少なく，実際のところ効果があったとはとてもいえないものでした。

　そうこうしているうちに，この節税スキームにようやく税制上のメスが入りました。令和2年度の税制改正で，その租税特別措置法第41条の4の3関係とされている部分です。

　その概要は，個人が取得した国外の中古建物について，不動産所得

が発生する業務の用に供しているもので，同所得の計算上，償却費と
して所得税法が規定する耐用年数を算定している場合，生じた損失の
金額をなかったものとみなすとされています。

　この改正は，令和3年以後の各年に適用されるため，節税メリット
がなくなるオーナーは，一斉に売却に転じるのではないかと思います。
くれぐれも，譲渡所得の申告を忘れないようにしてほしいものです。

5

譲渡費用について

──その支払いは譲渡費用になるのか

　それから「譲渡費用」についてです。

　譲渡費用とは，譲渡の際に支払った費用でも，譲渡するために直接要した費用をいい，維持管理費用はこれに含まれません。

　しかし，海外資産を売却するとなると，やはり外国での取引ですので，日本では目にしない費用が発生します。それに，現地の取引慣例などを知る由もないので，把握した都度，それが譲渡費用に該当するかどうかを検討する必要があります。

　正直にいうと，課税する側からみても，現地国で慣例的に支払う必要がある費用であれば，明らかに維持管理のための費用でない限り，認容する傾向があります。

　仮に，譲渡費用を否認して，更正処分することを前提とした場合，その費用について，譲渡費用として支払いの必要性や直接性を厳密に判断しなければならず，外国における取引慣例や，取引の事実関係を明らかにしなければなりません。ましてや，費用の支払先が外国に所在する法人や個人の場合，反面調査ができない状況下では，譲渡費用性に対する事実認定が難しくなります。また，金額の面からも，不合理に高額な費用の支払いではなく，ある程度の理由が成り立つのであれば，ぎりぎりと追及することは少ないのではないかと思います。とはいっても，最低限，維持管理費用に該当しないかどうかの見極めはしておく必要があるでしょう。そうすれば，実地調査の担当者の腕に

もよりますが，実務上は，さほど大きな問題とはならないのではないかと思います。

　そこで，海外資産の譲渡所得の実地調査で，筆者が実務で扱った外国特有の費用について，インドネシアの不動産を譲渡した事例を紹介しましょう。

　具体的には，インドネシアの不動産を購入して，後にそれを売却したときの費用で，現地の人にコミッションを支払っているという例です。

　以前（現在も続いているかもしれませんが），インドネシアの不動産開発が活発になって，コンドミニアムやサービスアパートメントの建設ラッシュがありました。それで，不動産の価格が，著しい上昇傾向となることを読んで，投資目的で購入するというケースがありました。

　しかしながら，インドネシアでは，一定の条件を満たす外国人でなければ，その国内の不動産を購入することができません。最近はその規制が緩和されているようですが，この事例を取り扱った当時，外国人は，原則としてインドネシア国内の不動産を購入することができないという状況でした。

　そのため，外国人がインドネシア国内の不動産を購入する場合には，現地の人から名前を借りて，その人の名義で購入し，いわゆる名義借り料として，その名義人にコミッションを支払うのです。ただし，そのままでは勝手に転売などされる危険性があるので，名義の貸し借りがある旨を公正証書のような形で作成し，証拠として保全しておきます。

　この手法は，外国人がインドネシア国内の不動産取引に関わる場合，比較的一般に採られるようです。また，名義の貸し借りをした当事者

の合意事項ではありますが，一般的には，購入時ではなく売却したときにコミッションを支払うようです。

　実のところ，筆者は，インドネシアの国内法をあまり深く研究していませんので，断言することができませんが，こういった取引については，現地の法規制を潜脱することに違いはなく，発覚したら何らかの法的な不利益を受ける可能性はありますが，おそらく，私人間の取引では有効に取り扱っているのだろうと推測します。仮に，強行規定的に無効とされるのであれば，公正証書のような体裁をとってまで，購入しようと考えないのが通常ではないかと思います。

　さて，その支払ったコミッションですが，譲渡費用と考える余地はあるでしょうか。

　この支払った費用について，譲渡費用性を争った事例や，課税上の取扱いを示したものは，見当たりませんでした。

　一見すると確かに，その支払いは任意的な要素がありますし，考えようによっては，継続して不動産を所有することを目的として，名義を借りているというべきではないかとする余地もあるかと思います。それに，インドネシアの制度では禁止されているにもかかわらず，これを潜脱することを前提として支払われている費用ですので，そもそも支払うべきものではないということができるかもしれません。

　でも，少し深く考えてみると，この事例においては，インドネシアの不動産を売却して，利益を得たことは紛れもない事実で，名義を借りない限り現地の不動産を購入できないし，売却する事実も発生し得ないということです。つまり，名義を借りていなければ，キャピタルゲインを得ることはなかったということになります。

　そう考えると，その不動産のキャピタルゲインを実現し，その利益を自己に帰属させるために，必要な費用だと解するべきではないかと

思います。ただ，この支払ったコミッションが，譲渡費用として直接性があるかどうかといわれると，やや疑問が残るところです。その一方で，取得費に該当するのではないかという議論もありましたが，このコミッションの支払いは譲渡時にされていますので，これも疑問が残ります。

　正直にいうと，筆者が経験した実務では，このコミッションについて譲渡費用として認容しました。

　しかしながら，その結論については，その事例の処理に際し，審理セクションとやりとりしましたが，明確な結論が出るに至ったわけではなく，譲渡費用性を否認するには明確な理由がないといった，消極的な観点によるものでした。もし，このことを厳密に判断するのでしたら，譲渡費用に関する裁判例などをさらに分析をする必要があるでしょう。

　結局のところ，譲渡費用の解釈に対して，その費用を支払った経緯や目的といった，個別具体的な事実関係を当てはめて考えることについては，国内あるいは外国の資産であっても，その理論構成に変わりはないということです。

　実務一般では，ある支払った経費が譲渡費用に該当するかどうかを，市販の質疑応答事例集だけで判断することがあるかと思います。しかし，海外資産の譲渡所得の場合は，質疑応答事例などといったものはありませんので，「譲渡費用とは何か」ということについて，根拠法令とその趣旨や解釈をきちんと理解しておかなければなりません。

　資産課税の実務で海外資産を扱う場合は，ある程度の審理力が問われるのではないかと思います。

　もう少し実務的なことを話しましょう。

不動産を売却するときに，国によって，いろいろな書類などが作成されます。

　譲渡所得の申告では，そういった書類などを基礎資料として，譲渡費用に該当するものを拾っていくというように，譲渡所得金額を計算する上で活用しなければなりません。

　これまで，筆者は，実務で様々な国の資産に対する譲渡所得を扱ってきました。この中で，作成される書類の主なものを紹介しましょう。

　まず，米国にある不動産を売却したときに作成される書類についてです。

　前にも話しましたが，米国の不動産取引では，エスクロー会社が取引当事者の間に介在します。それで，そのエスクロー会社が決済や目的物の引き渡しに関与するわけですが，当然のことながら，取引当事者に対して，決済内容を示す書類が作成されます。これは，"Settlement Statement" と題されたもので，一般には「エスクロー計算書」というようです。この計算書だけをみれば，その取引でやりとりされた経費や決済状況を全て把握することができるので，譲渡費用の計算については，とりあえずこの計算書さえ入手できれば何とかなると思います。

　でも，その計算書の中には，何かしら支払った費用であることには間違いないのですが，"Settlement charges to seller" など，曖昧な名目があったりするので，具体的な内容を確認する必要があります。実際に確認してみると，この費用の中に，現地の会計事務所に対する税務申告費用など，譲渡費用とはならないものや，源泉徴収された譲渡税や州税が含まれていることがあります。計算書の支払経費の合計だけをみるのではなく，内容を精査するようにしてほしいところです。

　次は，フランスにある不動産を売却したときに作成される書類についてです。

フランスでは，不動産を売買する際，「ノテール"Notaire"」という公証人が介在します。ノテールは，不動産取引関係，税務，家族法，金融関係などの専門家で，売買取引に関与して，物件の調査，契約の締結や売買代金の決済，登記手続き，これに関する税務申告といったことをします。日本でいう司法書士や税理士の業務を兼ねたものを思い浮かべると分かりやすいかと思います。

　そのため，フランスにある不動産を売却して，日本での譲渡所得の申告において，その必要な情報を得ようとするなら，取引に関与したノテールに問い合わせたらよいかと思います。ノテールからは，売買取引の決済報告書・明細書や税務申告書も入手することができます。

　ちなみに，後ほど触れますが，日本の所得税の確定申告において，外国税額控除を適用する場合は，現地国で納税したことを証明する資料が必要となるのですが，フランスで非居住者として申告納税する際，ノテールが税務当局に直接納税することから，譲渡者名義の納付書のようなものはないようです。そのため，外国税額控除の適用に必要な添付書類としては，フランスの納税申告書の写しが該当することになるでしょう。

　フランスの取引ではノテールが介在しますが，国によっては弁護士（事務弁護士）が関与するなど，いろいろな取引慣例がありますので，知っておくと実務の役に立つのではないかと思います。

　話が少しそれますが，筆者が在職中のときは，海外資産の譲渡所得で実地調査に着手する際，その現地国の取引慣例を必ず調べていましたし，実地調査では，逐一，外国の取引慣例などの情報を得るように努めていました。

　こうして得られた情報は，実地調査などの場面で，調査対象者から聴き取りをするときに，大変役に立ちます。

例えば，実地調査で，漠然と「とにかく関係資料を見せてください」
といっても，言われた側からすると，どこまでの資料を見せたらよい
のか困惑してしまい，取引によっては膨大な量の関係資料があります。

　また，調査対象者に「この調査担当者は何も知らないんだ」とか，
「何を調べたいのか」と不安を抱かせることにも繋がりかねません。
実際に，「保管している資料をとにかく全て出してください。一旦お
借りして，署で検討して結果について再度連絡します」といった対応
をした調査担当者がいて，その調査対象者から「何がしたいのかよく
分からない。もっと理解のある担当者をよこしてください」というよ
うなクレームがあったと聞いたことがあります。

　そこで，各国の取引慣例などの知識があれば，「エスクローの計算
書などはありませんか」とか，「ノテールから明細書を受け取ってお
られませんか」といったように尋ねると，調査対象者が対応しやすく，
必要な資料を迅速に入手することができるかと思います。もちろん，
このやりとりだけが実地調査ではありませんが，スムーズに事が運ぶ
ということはいえると思います。

　それに，筆者はプライベートでハワイによく行きますが，現地では，
いろいろなコンドミニアムを見て歩き，オープンハウスを催していれ
ば立ち寄ったりします。そんなこともあって，ハワイのコンドミニア
ムの名前を聞けば，そのロケーションが頭に浮かびますし，人気度や
価格帯，所有する際の権利関係について，おおよその見当がつきます。

　実地調査などで，調査対象者とやりとりをする中で，「この人はい
ろいろ知ってるな」という印象を与えると，信用を得ることにも繋が
りますし，スムーズに話が進みますので，そのような情報をあらかじ
め入れておくのは大切なことです。

　これらは課税する側の目線での話ですが，関与税理士の立場からも，

クライアントに対するヒアリングの参考としてもらえたらと思います。

特別控除などの特例関係について

　最後は「特別控除などの特例関係」です。

　譲渡所得では，所得税法や租税特別措置法で，特別控除などの様々な特例が定められています。

　租税特別措置法の規定の多くは時限立法で，改正される可能性があります。そのため，今後，改正によって，特例の適用を誤ってしまうおそれがあるので，実務に当たっては，その都度法令を確認するなど，適用関係に気を付けていただきたいと思います。

　そのような前置きをして進めていきますが，今回は，海外不動産の譲渡でも適用できる特例として，租税特別措置法第35条第1項の「居住用財産を譲渡した場合の3,000万円の特別控除の特例」を挙げておきたいと思います。

　この特例は，一定の要件を満たした居住用財産，つまり自宅を売却した際に，譲渡所得金額の計算に当たって，譲渡益から最大3,000万円を控除することができるというもので，国内の譲渡所得の申告でもよくみられます。税務上の特例と呼ばれるものの中で，最も広く知られているのではないかと思います。

　「日本で確定申告するのであれば，住所地が日本にあることを前提とするはずなのに，海外の住まいを売却してなぜ『居住用』なのか」という疑問を持つかもしれません。

　ここで前提となる事例は，外国で暮らしていた人が日本に帰国や移

住することになって，日本に転居した後，その3年以内，譲渡所得の取扱い上，厳密には3年を経過する日の属する年の12月31日までに売却すれば，この特例が適用されることになっており，それまでにかつての外国の自宅を売却したときが想定されます。この場合，譲渡収入金額から必要経費を差し引いた金額に，この特別控除が適用されることになります。

　この特別控除の適用に当たって，国内の物件の譲渡では，まず住民登録上の住所の異動状況を確認して，「居住用財産」に該当するか否か判断しますが，外国の物件の場合は，どうやって根拠付けたらよいのでしょうか。

　仮に，外国でも日本と同じような住民登録制度があれば，その公的資料を入手すればいいのですが，なければ，居住用財産として「居住の用に供していたこと」を示すもの，例えば，その物件の住所地に郵送された公的通知や公共料金などの請求書，そのほかの郵便物といったものや，電気・ガス・水道の使用量に関する資料など，そこで生活していたことが分かるものがあればよいでしょう。こういった資料は，多ければ多いほどよいかと思います。

　外国から引越しの際には，このようなものを捨てずにとっておくと，役に立つのではないかと思います。

　なお，国内の不動産を売却したことによる譲渡所得で，「居住用財産を譲渡した場合の3,000万円の特別控除の特例」の適否に対する実地調査では，譲渡物件を「居住の用に供していたこと」を確認するために，住民登録のある住所地をトレースするだけではなく，先ほどのような客観的な資料を収集して，総合的に判断することになります。確定申告などの実務においても，この手の案件の相談や問い合わせがあると，実地調査をイメージしたアプローチをしています。

ちなみに，居住用財産を売却した際，譲渡所得金額に適用される税率について，譲渡所得金額が 6,000 万円以下であれば，税率が 10％（地方税は別途 4％）に軽減される「居住用財産の軽減税率の特例」がありますが，この特例は，海外の不動産の譲渡には適用がないので注意してください。

　つまり，自宅を売却されたときの譲渡所得で，その売却した年の 1 月 1 日現在で所有期間が 10 年を超えている場合，先ほどの「居住用財産を譲渡した場合の 3,000 万円の特別控除の特例」によっても控除しきれず，課税の対象になる譲渡所得金額が残っているときに，その残った部分に対して，「居住用財産の軽減税率の特例」を併せて適用しますが，海外の自宅を売却したときには，この軽減税率ではなく，通常の税率を適用することになります。

　譲渡所得では，この他にも様々な特例があり，海外資産の譲渡所得に適用を検討する場合，所得税法や租税特別措置法の各条文に必ず当たってもらいたいところです。

　その際には，条文の規定の中で，「○○のうち国内のもの」とか，「国内のものに限る」といった文言に気を付けてください。この文言が，海外資産がその特例の対象となるかどうかを見極めるキーワードになるかと思います。

　例えば，先ほどの「居住用財産の軽減税率の特例」の条文には，「当該個人がその居住の用に供している家屋で政令に定めるもののうち国内にあるもの」という規定があります。

　筆者も，実務では必ず関係法令の条文に当たりますが，海外資産に対する適用関係については，まずこのような文言に着目して，それから各規定の趣旨を鑑みて，その適用の余地があるかどうか検討しています。

CHAPTER 10

計算上避けて通れない邦貨換算

(1) 邦貨換算・為替相場価格とは

　国際資産課税の分野として，海外資産が絡む相続税・贈与税と譲渡所得について話をしてきました。

　ただし，国際資産課税では，全ての課税関係において，もうひとつ重要な点があります。

　相続税や贈与税で，海外資産を申告に計上する際，外貨，つまり現地国の通貨で表示されているものを日本円に計算する必要があります。また，譲渡所得についても，外貨建ての売買取引を，日本円に計算する必要があります。

　このように，外貨を日本円に計算することや，日本円を外貨に計算することを「邦貨換算」と呼び，これついては税法や通達などに計算方法が定められています。

　相続税・贈与税と所得税のそれぞれに，邦貨換算の方法が定められており，相続税・贈与税と譲渡所得では，異なった取扱いになっているので注意が必要です。

　まずは，邦貨換算において必要となる知識があります。

　外貨を邦貨（あるいはその逆）に両替する場合，一般的には為替相場価格というものがあり，特に邦貨換算では，その対象となる日のTTM，TTS，TTB のいずれかを採用して，計算することになります。

　そして，これらの相場価格とは何かということです。

　TTM とは，いわゆる「仲値」と呼ばれるもので，銀行が顧客に対して，外国為替取引をする場合の基準レートとなっており，各銀行が，毎日（毎営業日）の為替レートを参考に決定します。

　TTS とは，「対顧客直物電信売相場」と呼ばれるもので，銀行が顧客に対して，外貨で円を買い取る際，つまり顧客が円を外貨に交換する際に用いられるレートです。

TTB とは，「対顧客直物電信買相場」と呼ばれるもので，銀行が顧客に対して，円で外貨を買い取る際，つまり顧客が外貨を円に交換する際に用いられるレートです。

これら3つの相場価格の関係ですが，邦貨と外貨の両替をする銀行からすると，交換手数料をもらわなければならないので，TTS と TTB には差があって，1外貨単位当たりの邦貨を基準にすると，TTS が高くて TTB が安いという傾向があります。TTM は，TTS と TTB の中間に位置します。

簡単にいうと，邦貨換算後の円建ての金額について，高く計算されるのが TTS，その次が TTM，一番安く計算されるのが TTB ということになります。この為替相場価格は，各銀行が独自に設定しますので，銀行によって，TTM，TTS，TTB のレートが異なります。

所得税の計算においては，原則として，「その者の主たる取引金融機関のものによること」，要は実際に取引している銀行のレートを採用することになりますが，「合理的なものを継続して使用している場合にはこれを認める」ともされているので，仮に，実際の取引銀行の公表レートが分からない（探せない）といった場合，特に課税上弊害がなければ，他の銀行のレートを参考にしても差し支えはないということです。

実務では，いずれの税目でも，三菱ＵＦＪリサーチ＆コンサルティング株式会社の公表レートを参考にしていることが多いかと思います。

（2）相続税と贈与税における取扱い

では具体的に，相続税と贈与税における取扱いの説明をしましょう。

相続税の前提となる相続関係では，相続の対象となる現存する財産（積極財産）と，被相続人から引き継ぐこととなる債務（消極財産）

があります。

　相続税の場合は簡単です。財産評価基本通達4-3に定めるとおり，課税時期である相続開始日現在の相場価格で，積極財産にTTB，消極財産にTTSを採用します。

　贈与税の場合，例えば海外資産の贈与を受けたというときなどは，外貨建ての財産の金額に対してTTBを採用することになります。

　ただし，課税時期に相場価格がない場合は，課税時期の前で最も近い日の相場価格によることとされています。

　相続税法上は，邦貨換算について，納税者側に有利な取扱いになっているといえるでしょう。実務でも，あまり問題はないように思います。

（3）　譲渡所得における取扱い

　次に，譲渡所得の取扱いを説明しましょう。

　譲渡所得では，その課税の対象となる譲渡所得金額を計算するに当たって，譲渡価額（譲渡収入金額），取得費，譲渡費用の項目がありますが，実際の売買取引では，通常，いずれも外貨建てで決済されることになるかと思います。

　つまり，売却あるいは購入するにも資産の所在地国で取引されるので，現地国の通貨で売買されますし，譲渡費用もその所在地国に支払先があれば，現地国の通貨で支払うことになると思います。

　譲渡所得金額の計算に当たっては，いずれの金額も邦貨換算することになりますが，所得税基本通達57の3-2に定めるとおり，原則として，それぞれ，決済・引渡しや支払った日のTTMを採用することになります。

　しかし，この例外もあります。資産を売却して，その代金を直ちに

邦貨（円）に両替している場合は，その受け入れた邦貨（円）の額を円換算額とすることができます。取得費についても，邦貨を外貨に両替して直ちに資産を購入している場合は，その支出した邦貨の額を円換算額とすることができます。

ここで気を付けなければならないのは，外貨建てで譲渡所得金額を計算した後に，TTM のレートで邦貨換算するのではなく，譲渡収入金額，取得費，譲渡費用のそれぞれを邦貨換算してから，譲渡所得金額を計算するということです。

また，この邦貨換算の計算方法からすると，購入時と売却時の為替損益は，譲渡所得金額の計算に含まれることになります。FX 取引といった単なる為替損益は雑所得に区分されるのですが，譲渡所得に伴う為替損益は，譲渡所得金額の計算の中で清算されるということです。

そのため，外貨建てでは譲渡自体にキャピタルゲインが発生しているのですが，取得時と売却時の為替差損で，譲渡所得金額が赤字となることがあり，また，その逆もあるので注意が必要です。

（4） 外国税額控除の控除額における取扱い

さて，課税価格や所得金額の計算における邦貨換算は概ね上記のとおりですが，相続税あるいは贈与税の「在外財産に対する相続税額（贈与税額）の控除」と，譲渡所得について所得税の「外国税額控除」の控除額の計算で，その前提になる外国で課された税額に対しては，どのように邦貨換算をするのかということを付け加えておきます。

まず，相続税あるいは贈与税の在外財産に対する相続税額（贈与税額）の控除の計算において，その前提になる外国で課された税額に係る邦貨換算については，その納付すべき日の TTS のレートによることを原則とし，送金日が著しく遅れたりする場合を除き，納付のため

に送金した日の TTS のレートでも認められています（相続税法基本通達 20 の 2 - 1）。

　では，譲渡所得について，所得税の外国税額控除の場合はどうなるかということです。

　所得税の場合，外国で課された税については，その課税の方法によって適用されるレートが異なります。

　所得税の取扱いでは，外国で課された税が，源泉徴収によるものであれば，収入金額の換算に適用したレートで，源泉徴収以外の方法によるものであれば，経費の計算で採用したレートによるとされています（所得税基本通達 95 - 28）。

　しかしながら，譲渡所得については，収入金額も必要経費のいずれも，TTM のレートを適用することとされていますので，その外国で課された税についても，TTM のレートで邦貨換算するということになります。

（5）　個別事例

　以上のとおり，国際資産課税において，邦貨換算は分かりやすいと感じるかもしれません。しかし，邦貨換算については，やはり国によって取引慣例が異なっているので，これに見合った計算方法を検討しなければならないという点に，その難しさがあります。

　この点について，私の実務経験から，マレーシアの不動産の譲渡所得の事例を挙げたいと思います。この事例で留意すべき点は，取得費の邦貨換算の部分です。

　この事例に入る前に，まずは，日本でいうところの住宅を新築する場合をイメージしてみましょう。

　日本では，住宅を新築する際，建築業者と設計や仕様の打ち合わせ

を重ねて，建築価額が決定した上で，工事請負契約を交わします。それで，手付金を支払って建築工事が始まり，完成引渡し時に残金を決済することが多いと思います。

　ところが，マレーシアでは，契約段階で建築価額が決定されるのは日本と同じですが，その決済方法については，工事の進捗に応じて何度も代金を請求され，完成引渡までに，多くの細かい支払いが発生することがあります。こういった決済方法は，新築のコンドミニアムを購入するときにみられます。

　なぜそのような決済方法をするのかというと，建築業者に十分な資金力がないため，工事期間，人件費や材料費を適宜調達しないと，建築業者の施工資金がショートする問題があるようで，エンドユーザーが建築代金を必要に応じて供給しないと，完成に至らないということらしいのです。

　そうすると，取得費の計算においては，建築代金の一部を支払った都度，それぞれの支払日で邦貨換算しなければならないということになります。

　確かに，このような事実は，契約書などの書類上だけでは分からないので，取引の基礎資料を検討する以外に，決済状況についてヒアリングしなければなりません。

　また，このようなことは，マレーシアの事例に限ったことではなく，筆者の実務における記憶では，譲渡所得の申告相談で，タイの不動産の事例でも同様のことがあったと思います。

　邦貨換算については，レートが1円異なると，課税価格や所得金額に大きく影響を及ぼしますので，決して軽くみることのないようにしたいものです。

相続税や譲渡所得の実地調査においては，邦貨換算が正しく計算されているのかという点についても，確認事項のひとつとなっていますので，気を付けてほしいと思います。

CHAPTER 11

在外財産に対する相続税額（贈与税額）の控除及び譲渡所得の場合の外国税額控除について

1

二重課税の調整とは

　在外財産に対する相続税額（贈与税額）の控除と所得税の外国税額控除は，課税の対象となる財産の所在地国や所得が発生した国（源泉地国）で外国の税が課されている場合，日本で課税する際に，外国との二重課税を避けるために設けられた制度です。

　控除額の計算自体は，外国で課された税に対して，課税価格あるいは課税標準全体に占める国外財産の価額や国外所得の割合が限度とされています。

　前にも説明したとおり，課税や税制の問題は各国の専権事項ですので，結果として，外国の課税と二重課税の状態となったとしても，それだけでは直ちに違法にはなりません。

　しかしながら，経済活動のグローバル化によって，国際的二重課税の問題は，国際的競争力の維持や発展に大きな弊害となるため，様々な国との間で，二重課税を回避するために租税条約が締結され，これを受けた国内法として，このような控除の制度が設けられています。

　そうすると，この控除の適用関係においては，本来的に，租税条約を締結した相手国との課税関係に限って認めれば足りるのですが，税法の規定上，そのような区別をしていませんので，租税条約の有無を問わず，全ての外国で課された税額が対象になります。

在外財産に対する
相続税額（贈与税額）の控除

　まずは，相続税法に規定がある「在外財産に対する相続税額の控除」について説明します。

　この控除については，相続税法第 20 条の 2 に規定されており，条文自体は大変シンプルで，税法の中では読みやすい部類に入るのではないかと思います。

　しかし，気を付けなければならないことがあります。

　この控除は，相続又は遺贈によって外国にある財産を取得して，その国で税が課されている場合に適用されるのですが，この条文の規定を見ると，控除の前提になる外国で課された税について，「相続税に相当する税」と規定されています。

　つまり，外国で課された税なら何でもよいというわけではなく，相続税に相当する税に限られるということです。

　では，相続税に相当する税とは，どのように考えたらよいのでしょうか。

　これについては，既に文言自体が抽象的な表現を含んでいるので，適用関係に難しい解釈論が展開される部分ではありますが，できるだけ簡単に説明しましょう。

　ここにいう「相続税」とは，どういった事実ないし法的効果に対して課税されているものかというと，日本の相続税，つまり，ある人が亡くなって，その人が所有していた財産を相続によって取得したとき

や，遺贈によって受遺者が財産を取得したとき，また，贈与した人の死亡によって効力が発生する贈与によって財産を取得したときを前提として課される税を意味しており，文言が「相続税」ではなく「相続税に相当する税」とされているのは，外国で課された税が「相続税」と呼ばれるものに限定せず，その課税された根拠や趣旨に着目して判断するからです。

仮に，ある国では「相続税」と表現されていなくても，課税の前提がいわゆる相続や遺贈，贈与した人の死亡によって効力が発生する贈与と同様のもので，そういった法的効果によって財産を取得したのであれば，「相続税に相当する税」として控除の対象となるというわけです。

しかし，このことは逆も然りで，文言上は「相続税」とされていても，この説明と全く異なる前提であれば，控除の対象とはならないので，気を付けなければなりません。

人の死が課税の原因となっている制度を持つ国は多々ありますが，国によっては，その課税の趣旨を所得と捉えているのか，あるいは死亡した者の財産の清算と捉えているのか分かりづらいことがあって，この見極めを怠ってしまうと，在外財産に対する相続税額の控除の適用を否認されるリスクが出てきてしまいます。

そのため，海外に資産があって，日本でいうところのいわゆる相続又は遺贈等によって取得し，その国で何らかの課税がされている場合，在外財産に対する相続税額の控除を適用するに当たっては，現地の法律や税制をリサーチして，その私法上の法律関係や課税の根拠といったことを検討する必要があります。

なお，贈与税については，相続税の場合と別の条文（相続税法第21条の8）に定められていますが，その内容は，「贈与税に相当する

税」として相続税と同じ規定ぶりとなっているので，先ほどの説明と同様に解釈することになります。

　では，外国で課された税の納税義務者が日本の制度と異なっている場合，「在外財産に対する相続税額の控除」の適用があるのかということです。

　日本では，相続税が課される納税義務者は財産取得者ですが，外国では，「相続税に相当する税」が課されていても，その課税の対象が，被相続人であったり，相続手続上の一時的な財団であったり，財産取得者となっていない場合があります。一見すると，財産取得者が，外国で直接の納税義務者となっていないので，適用がないように思えます。

　そこで，先ほどの相続税法の条文をもう少し詳しくみると，「当該財産についてその地の法令により相続税に相当する税が課されたとき」と規定されています。

　この条文の文言上，外国で課された税が，誰に対してのものかどうかは問題とされておらず，その財産に対して課されていればよいということになっているので，外国で，納税義務者として直接の課税の対象とされていない場合でも，この控除の対象になるということです。

　そうなると，日本の相続税の申告において，外国にある財産について，財産取得者が複数いる場合に，そのうちの誰が在外財産に対する相続税額の控除を適用できるのか，あるいは控除額をどうやって計算するのかという問題があります。

　例えば，外国で課税された財産が複数であったり，その財産取得者も１人ではなく複数であったりして，外国にある財産の取得状況が複雑になっている場合は，どうやって控除額を計算すればよいでしょうか。

特に被相続人を納税義務者としている国にみられますが，外国にある財産が複数であっても，そこで課された税は，その国に所在する財産を一括して計算したもので，まずもって，財産別の税額の内訳といったものはありません。その上で，その国に所在する全ての財産価額からその税額を差し引いた後，残った財産が各財産取得者に分配されることになります。

　そのような場合の具体的な取扱いや計算方法は，日本の相続税法や関係通達などに示されていませんし，この控除額を計算する相続税の申告書の第8表を見ても，このようなケースに対応していないので，合理的な方法を検討するしかありません。

　実務では，財産取得者の間で，取得した外国の財産の金額の割合で，控除の対象となる外国税額を按分するのが，合理的な方法と考えて処理していました。

　この計算方法によって控除額を計算する際，複数の外国に財産がある場合は，それぞれの国で課された税に対して，それらの財産を誰が取得したのかを整理しておくことがポイントになります。

　また，財産取得者であっても，その複数の国の中で，「相続税に相当する税」がない国にある財産を取得した場合は，その取得財産に対応する部分について，この控除の適用はないということになります。

　なお，外国で課された税を実際に負担した人が別にいたとしても，その人に対して，この控除が必ずしも適用されるわけではなく，あくまで，外国で課税された財産を取得した人に適用されるので注意が必要です。

　ここでは踏み込みませんが，現実問題として，相続税法上の「在外財産に対する相続税額の控除」については，その適用関係の判断が難しいケースがあります。

この控除については，日本と外国にまたがる渉外相続において，被相続人の住所地，相続財産の所在地，財産取得者の住所地の3つが，その控除額の計算で重要な要素となります。これらが日本とある外国の2国間の問題であれば，さほど悩むことはないのですが，それぞれが別の国にまたがっているときなど，関係する国が多くなればなるほど，検討しなければならない外国の法律関係や税法が増えて，その適用関係の判断が更に難しくなります。

　しかも，場合によっては，外国で，財産の所在地国と課税する国が異なっている状態，例えば，A国に所在する財産に対し，B国がその「相続税に相当する税」を課税していることがあり，外国で課された税があっても，当該財産についてその地の法令により課税されていないので，相続税法上の在外財産に対する相続税額の控除が適用できず，外国との二重課税が解消できないケースもあり得ます。

　外国との二重課税の問題は，納税者にとってデメリットでしかありません。いざ相続税の問題が起きてからではなく，できることなら，生前の間に対策をしておきたいものです。

3

譲渡所得の場合の外国税額控除

　次に，譲渡所得に関連する所得税の「外国税額控除」について説明しましょう。

　外国税額控除は所得税法第95条に規定されていますが，条文上，外国で課された税については，「所得税に相当する税」とされていて，先ほどの相続税法のものと同様の文言となっています。

　また，外国税額控除の前提になる外国で課された所得税についても，相続税に相当する税の解釈と同じで，その課税の趣旨や所得としての概念が問題となります。つまり，外国で課された所得税も，日本の所得税と同様の概念によるものであることが必要となります。

　この点について，不動産の譲渡所得に関しては，その外国で課された所得税が「外国税額控除」の対象となるかどうかを，特に検討する必要があります。少し深く踏み込んでみましょう。

　所得税には総合課税と分離課税の所得があって，総合課税の所得には事業所得や不動産所得，配当所得など，いろいろな所得区分があります。

　外国で課された所得税の前提となった所得が，総合課税の所得に属するものであれば，具体的にどの所得区分に該当するのか決まらなくても，その外国所得税は必ず外国税額控除の対象となります。というのも，総合課税の所得区分においては，明確に当てはまるものがなくても，最終的に雑所得として処理されるので，これに伴う外国所得税

も必然的に控除の対象となるからです。

　すなわち，総合課税の所得区分に属する何らかの収入や所得に対しては，必ず課税されることになりますが，それに課された外国所得税についても，必ず外国税額控除として考慮されるということです。

　しかしながら，不動産の譲渡所得については少し勝手が違います。

　先ほど，外国税額控除については，その適用に当たって，外国で課された所得税の課税の趣旨や所得の概念が問題となるといったことを説明しました。

　加えて，不動産の譲渡所得は，キャピタルゲイン，資産の値上がり益を所得として清算することを趣旨とし，かつ，その課税標準，課税の対象は，譲渡者が実際に得た利益を前提にしています。

　そのため，不動産の譲渡所得については，外国で課された所得税が，この趣旨等に合致するものかどうかが，外国税額控除の適用に当たって重要なポイントになります。

　ここで，具体的な事例を挙げて説明しましょう。実務でも比較的多く見受けられるのですが，台湾の「土地増値税」に関する問題です。

　台湾にある土地を売却すると，土地増値税というものが徴収されます。この土地増値税が外国で課された税として，外国税額控除の対象となるかどうかということです。

　外国税額控除の対象となるには，土地増値税がキャピタルゲイン，資産の値上がり益を所得として課されたものであり，課税標準，課税の対象が，日本の譲渡所得と同様の概念を前提にしているといえなければなりません。

　そこで，台湾において土地増値税が徴収される根拠を紐解くことになります。

　確かに，この土地増値税は，土地の所有権が移転するときに徴収さ

れる税に違いはないのですが，その算出根拠について，台湾当局が評定した土地の価格を基にしており，さらに台湾政府が公告した物価指数による調整計算などを経て，課税の対象となる金額，つまり課税標準が計算されています。

このように，土地増値税の課税標準は，公的に評定された価格を基に計算されるので，各譲渡によって実現した個別具体的なキャピタルゲインの清算とは違っています。

そこを百歩譲って，かなり苦しいですが，広く考えて，評定価格ベースのキャピタルゲインと捉えられなくもないかもしれません。

しかし，土地増値税は，土地の所有権移転が売買によるときだけではなく，無償による場合も徴収され，土地の所有権が移転することがなくても課されるという概念があります。これは，日本の譲渡所得に合致しない要素です。

また，日本の譲渡所得における課税標準は，売却した人が実際に得ることになった利益を前提としているので，課税の対象という面からも，土地増値税と概念を異にしているといわざるを得ません。

そうすると，台湾の土地増値税は，日本の所得税の概念とは異なる税ということで，所得税に相当する税に該当せず，外国税額控除の対象とはならないという結論となります。

ちなみに，土地増値税は，譲渡所得金額の計算において，譲渡費用とされるべきでしょう。

課税実務上，土地増値税の取扱いについては，従来からこの考え方によって処理しており，国税不服審判所の裁決事例においても，同様に判断されているところです。

確かに課税訴訟上で，正面からこの争点に対する判断がされた例はなかったと記憶していますが，「外国の法令により課される所得税に

相当する税」の解釈を覆さない限り，土地増値税を外国税額控除の対象とするのは難しいのではないかと思います。

　それはともかくとして，単に，外国で何らかの課税がされているからといって，外国税額控除を適用してしまうのは，かなり危険なことだということが分かるかと思います。特に譲渡所得については，その適用関係の問題が起きやすいので，気を付けたいものです。

CHAPTER 12

「国外財産調書」や「財産債務調書」は
財産帰属の判断の免罪符とはならない

「国外財産調書」・「財産債務調書」とは何だろう

　国外財産調書と財産債務調書について，課税実務的に気になる点を付け加えておきたいと思います。

　国外財産調書と財産債務調書の制度については，主に，申告漏れに係る過少申告加算税等の軽減措置や加重措置が取り沙汰されていますが，相続税や譲渡所得といった資産税の課税における目線から，違った角度で捉えてみたいと思います。

　平成25年分の所得税の確定申告から「国外財産調書」が，同様に平成27年分から「財産債務調書」の制度が創設されました。それらの調書の虚偽記載や，正当な理由のない不提出に対しては刑罰による罰則があって，課税運営上，大変厳しいものになっています。

　「国外財産調書」については，居住者がその年の12月31日において，合計価額が5,000万円を超える国外財産を保有する場合，翌年の3月15日までに管轄税務署に提出する義務があります。

　「財産債務調書」については，総所得金額と山林所得の合計額が2,000万円を超え，かつ，その年の12月31日において合計価額が3億円以上の財産又は合計価額が1億円以上の「国外転出特例対象財産」（後述します）を保有する場合，翌年の3月15日までに管轄税務署に提出する義務があります。

　国外財産調書や財産債務調書の制度創設当初，その取扱いとして，金融商品取引所等に上場されていない株式や出資については，その払

込金額，つまり額面金額によって，財産の価額を判断すると解釈される余地がありました。

　そのため，発行法人の純資産価額を基に計算した評価額が，額面金額に比べて著しく高い開差があったとしても，国外財産調書や財産債務調書の提出を免れるという事態が発生し，平成28年分以降，「発行法人の純資産価額等によって算出した合理的な金額」というように，取扱いが明確化されました。

　その結果，金融商品取引所等に上場されていない株式や出資について，その発行会社のオーナー社長は，ほとんどのケースで，国外財産調書や財産債務調書の提出義務が生じることになったと思われます。

　また，この制度における不提出等の罰則規定に対して，実務上の運用が注目されていたところ，ついに適用事案が発生しました。ただ，筆者が思うに，この事案は査察部が所管する逋脱案件として脱税と併せて告発されていることから，ある意味，これは当然の結果であり，ごく一般的な行政罰にとどまる事案に，総じて同様の処理が伴うわけではないと考えています。確かに牽制効果としては絶大でしたが，税務署に配されている国税調査官の全てが，これらの調書の不提出のみで刑事告発に臨むことは，実務的に到底あり得ないことで，何よりも，せいぜい重加算税といった行政罰までしか関わったことのない調査官が，刑事告発を目的とした起案に対応できるはずもなく，仮に告発に踏み切るとしても，部内手続上，査察部を経由するしかないため，自ずと件数に限界があることは目に見えています。不提出等による刑罰の発動について，実務としてあり得るとすれば，やはり査察部による逋脱事案として認識されるものが前提となるでしょう。この点についても，今後の課税庁における運用を注目したいところです。

「国外財産調書」・「財産債務調書」と
財産の帰属の判断

　これらの調書を提出するに当たって，大きな問題があります。これは「国外財産調書」と「財産債務調書」の両方にいえることで，親族間において所有財産を調書の上で分散するという行為です。

　その分散する行為が，贈与などの私法上の原因を前提としていたり，取得する原資の負担が伴っていたりすればよいのですが，単に，国外財産調書や財産債務調書を記載する上で名義を分けただけというのであれば話は別です。ましてや，名義を分散して，国外財産調書や財産債務調書の提出義務の金額ラインを下回るように作出していたのであれば，大きな問題に発展しかねません。

　また，国外財産調書や財産債務調書に記載さえしていれば，将来的に，その提出者に相続が開始したとき，「この記載どおりの財産を，その亡くなった人の財産として相続税の申告をすれば大丈夫」などといったことが，まことしやかに話されていたりします。

　そのようなことを念頭に置き，これらの財産調書の記載に当たって，財産の名義を分散しておくという方法を選択してしまうのであれば，それは間違っているというしかありません。これらの財産調書に記載したとおりの財産を，そのまま相続税の申告に計上しても，これが正しいものとして処理されるとは限らないのです。

　ここで必要となるのは，財産の帰属の判断に関する知識や考え方です。これは，相続税の課税実務における王道のスキルと呼ぶことがで

きるものです。

　相続税の課税実務では，被相続人に帰属する財産であっても，被相続人の名義ではなく，家族などの名義となっている場合があり，それらは相続財産となります。

　そして，その被相続人以外の者の名義となっている財産が，相続開始時に，被相続人に帰属するものかどうかは，その財産の購入原資を誰が負担しているのか，財産の管理及び運用の状況，その財産から発生する利益が誰のものか，被相続人と財産の名義人，その財産の管理及び運用をする者との関係，その財産の名義人がその名義になった経緯等を総合考慮して判断するとされています。

　これだけをみると，何やら抽象的で分かりづらいという印象を受けますが，実務ではこれらの要素に対して，細かい事実関係を積み上げて，財産の帰属を認定することになります。

　国外財産調書や財産債務調書は，その作成経緯や根拠を含めて，これらの要素を形成するひとつの事情に過ぎず，国外財産調書や財産債務調書の記載内容が，財産の帰属の判断に直結するわけではありません。

　つまり，いくら親族の財産調書に記載したからといって，それらの財産が実質的な帰属の判断を伴っていなければ，亡くなった人の「名義財産」として，相続税の課税対象となるということを理解しておかなければなりません。

3

新たな課税手法「国外転出時課税」

「財産債務調書」が，思わぬ課税を生むおそれがあることを付け加えておきます。「国外転出時課税」について話をしましょう。

国外転出時課税とは，日本の居住者が，その保有している有価証券などの資産が1億円以上あるとき，その者が，国外に転出したり，外国に住所がある非居住者に対して，これらの資産の全部又は一部を贈与したり，その者から非居住者が相続又は遺贈によってこれらの資産の全部又は一部を取得した場合，その資産を譲渡（売却）したとみなして含み益や値上がり益に所得税を課税するというものです。これは所得税ですので確定申告が必要となります。先ほど，財産債務調書のところで少し触れましたが，この国外転出時課税の対象となる有価証券などの資産を「国外転出特例対象財産」といいます。

また，国外転出や確定申告期限までに，定められた手続きをしておけば，納税猶予の制度を利用して，課税上の負担を軽減することができます。

課税実務では，いまだに国外転出時課税を見落としていることがあります。

つまり，国外居住者が，国外転出特例対象財産を贈与や相続等で取得したときに，贈与税や相続税の申告は済ませているものの，贈与者あるいは被相続人の国外転出時課税による譲渡所得の申告を，失念したというケースです。

国外転出時課税に対する意識が定着していないのかもしれませんが，気を付けたいものです。

　さて，国外転出時課税は，そもそも実際に売却したわけでもなく，手元に売却した代金が入ってもいないのに，所得税が課されるというのは，何とも厳しい制度のように思えます。

　この制度の趣旨は，含み益がある株式などについて，それらを保有したまま国外転出，あるいは非居住者に移転させてから売却し，含み益に対する課税を逃れるといった行為を防ぐことにあります。特に，国外源泉所得が非課税となっている国や，譲渡所得が非課税となっている国に移転させた後に売却するといった場合が，想定される深刻な課税逃れのケースです。

　そのため，財産債務調書は，この国外転出時課税における国外転出特例対象資産として，保有している有価証券などの財産を捕捉するのに，一役買っているというわけです。

　一定の金額の資産を保有していれば，財産債務調書の提出義務が発生し，その提出された調書の記載内容を見れば，国外転出時課税の適用が見込まれるかどうか，一目瞭然となります。

　ここからが問題です。国外転出時課税の対象となるのは，国外転出特例対象財産である有価証券などの資産を1億円以上保有している人です。それで，財産債務調書あるいは名義上で，それらの資産が1億円を下回るようにするために，親族間でそれらの資産を分散しておいて，譲渡所得課税のない国に国外転出，あるいはそういった国に居住する人に贈与してしまうと，国外転出時課税を免れることになります。

　しかし，この方法は，深刻な課税のリスクが発生することになるので，絶対に採用するべきではないでしょう。

　そこで，その課税のリスクとして，想定される国外転出時課税の課

税手法を考えたいと思います。先ほど，国外財産調書や財産債務調書を提出している場合における相続税の申告上の問題を指摘しましたが，ここでも財産の帰属の判断が問題となります。

　仮に，夫婦で各々財産債務調書が提出され，いずれも国外転出特例対象財産が1億円を下回った金額で記載があるも，それらを合計すると超過する場合を想定します。それを国外居住の子どもに，各々贈与した場合を考えてみましょう。贈与税の問題がありますが，きちんと処理されているものとします。

　税務職員には，国外財産調書や財産債務調書の提出義務や記載内容などに対して，これを調査する権限，つまり質問検査権が与えられています。まずは，この権限に基づいて，その記載内容が適正かどうかを調査することになります。

　そして，調査の結果，妻から提出された調書については，その記載された国外転出特例対象財産が夫の原資の負担によって取得され，また，夫からの贈与といった私法上の行為もなく，実質的には夫に帰属する財産として，記載内容が是正されることになってしまいました。

　この点，財産債務調書の誤った記載については，法解釈上の誤りや見解の相違ということで，罰則の適用は逃れられるとしても，その財産の帰属の認定によって，夫の国外転出特例対象財産が1億円を超えることになり，当該贈与の実質的な贈与者も同人であるとして国外転出時課税が適用され，みなし譲渡による所得税が課税されてしまうということとなります。

　なお，財産債務調書が提出されていなくても，その提出義務の有無を調査する目的で質問検査権の行使，つまり実地調査に着手することも十分あり得ることで，調査対象者の保有財産を把握した上，単なる不提出の是正だけならまだしも，国外転出時課税の課税要件を満たす

という結果に至ることになれば，追って，みなし譲渡による課税が確実になされます。

　このように，親族などの名義に分散したところで，実質的に一定の金額を超える財産の保有者は，財産債務調書の不提出等に対する罰則適用と，その名義分散した財産が国外転出特例対象財産に及ぶようであれば，みなし譲渡による所得税の課税のリスクを，併せて負うことになります。

　筆者の知る範囲では，このような課税手法のアプローチがされた事例は聞いたことがありませんが，今後，これらの調書に係る制度の運用が継続される中で，十分発生し得ることではないでしょうか。この課税手法を前提にすると，課税庁は，個人の国外転出の情報や，非居住者名義に財産が移転した情報などを，重点的に収集していくものと考えられます。課税庁において，課税実務上，そのような情報の捕捉や活用方法が標準化されたとき，財産債務調書に関する質問検査権の発動が，国外転出時課税の課税手法のひとつの類型として定着することが考えられます。国際資産課税の分野で，気を付けなければならない課税関係が，またひとつ増えるということです。

　このように，いくら国外財産調書や財産債務調書を提出しているからといって，記載された財産が，その提出者の帰属となるかどうかは全く別の問題であり，記載財産の帰属の判断において，課税庁から免罪符を得たということはならないのです。

　これらの調書の制度については，現在のところ，虚偽記載や理由のない不提出に対する罰則や，海外資産及び富裕層の保有財産をガラス張りする効果がクローズアップされるにとどまっています。しかし，その先にある予見できていない課税のリスクに対して，もっと目を向ける必要があると思います。

今後，課税庁が，これらの制度をいかに駆使して，どういった課税実務の運用をしていくのか，大変興味のあるところです。

おわりに

　「国際資産課税」というテーマで，筆者が経験したことや考えてきたことについて，とりとめもなく話をしました。

　筆者は20年以上課税する側にいたため，専らその目線で捉えがちになったかもしれません。

　かつての筆者を含めて，課税する側の立場にある者の一般的な傾向としましては，現行の税務法制の中で，いかに課税関係を作り出していくかという思考を常に巡らせており，ある意味，課税実務はクリエイティブだという考えを持っています。これも，課税に携わる者としてのプライドの現れなのかもしれません。

　特に「国際資産課税」の分野は，外国の法制度が大きく関わることから，その課税のノウハウ自体が定着していないという面があります。そんな中で，突如として，クリエイティビティに富んだ調査担当者の出現によって，私たちが全く想定しなかった課税手法や課税のロジックが構築され，いつ何時，「不意打ち」課税という形で現れるか分かりません。これは，納税者側にとって最大のダメージとなります。

　この不意打ち課税の問題は，規模の大小に関わらず起こり得ることで，海外資産の保有者あるいは取得予定者は，国際資産課税について検討や対策をしなければなりません。

　国際資産課税の分野で課税上のリスクを読み切るには，日本の相続税法といった税法はもちろんのこと，国際私法や，海外資産が所在する国あるいは地域の法令を知る（調べる）ことを求められる場面があり，これが国際資産課税の分野に対する実務のハードルを高

くしていると考えられます。

　税理士として，突然，国際資産課税の案件に携わることになり，「何から手をつけていいか分からない」という状況に陥ってしまい，国内案件と同じ感覚で処理されると，不意打ち課税のリスクが一気に高まることになります。そういったことを回避するために，本書で説明した国際資産課税の案件に対するアプローチの方法やポイントが，少しでもお役に立てればと思います。

　筆者は，一般的な課税実務として，国際資産課税が広く認識されることと併せて，みなさんが不意打ち課税のリスクを回避するお手伝いをしていきたいと考えています。

　そして，本書が，国際資産課税に少しでも目を向けるきっかけとなれば，大変嬉しい限りです。

【著者略歴】

安永　淳晴（やすなが　きよはる）

税理士。平成7年に国税局入局。国税局課税第一部国税訟務官室にて資産税
関係の課税訴訟事件を担当，国際税務専門官在籍時には海外資産関連事案の
調査・審理・資料情報源の開発に従事。退官後，相続税専門の税理士法人の
審査部及び国際部を経て，やすなが国際資産税事務所を開設。相続税調査対
応コンサルティング，国際相続や海外資産関連事案を中心に取り扱っている。

著者との契約により検印省略

令和2年9月30日　初版発行

調査の現場から見た
国際資産課税の実務

著　者	安　永　淳　晴
発行者	大　坪　克　行
印刷所	岩岡印刷株式会社
製本所	牧製本印刷株式会社

発行所　〒161-0033 東京都新宿区
　　　　下落合2丁目5番13号　　　　株式会社 税務経理協会

振　替　00190-2-187408　　　電話　(03)3953-3301（編集部）
FAX　(03)3565-3391　　　　　　　 (03)3953-3325（営業部）
URL　http://www.zeikei.co.jp/
乱丁・落丁の場合は，お取替えいたします。

ISBN978-4-419-06742-7　C3034